MADONNA

...PURO

Texto y fotos de George DuBose
Direction artística y diseño de George DuBose

Una publication de Wonderland Publishing
©2017 George-DuBose.com

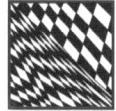

MADONNA - PURO
EDICIÓN ESPAÑOLA: ISBN 978-0-9863-0454-5

Impreso en los Estados Unidos de América de la Biblioteca del Congreso
de los datos de catalogación y publicación.

Todas las imágenes de este libro están disponibles en forma de edición firmada,
numerada y limitada, para más información comuníquese con:
boss@george-dubose.com

Other books from Wonderland Publishing

"I Speak Music	- Ramones"	English Edition	ISBN 978-0-9889-2340-9
"Hablo Musica	- Ramones"	Españoles Edición	ISBN 978-0-9889-2341-6
"Eu falo Música	- Ramones"	Português Edição	ISBN 978-0-9889-2345-4
"Parlo Musica	- Ramones"	Edizione Italiana	ISBN 978-0-9889-2347-8
"I Speak Music - Hip Hop	- Old School Volume One"		ISBN 978-0-9889-2342-3
"I Speak Music - Hip Hop	- Old School Volume Two"		ISBN 978-0-9889-2343-0
"I Speak Music - Hip Hop	- Old School Volume Three"		ISBN 978-0-9889-2344-7
"The Big Book of Hip-Hop Photography"		First Edition	ISBN 978-0-9889-2346-1
"Renovate a Sailboat and Cross the Atlantic"		First Edition	ISBN 978-0-9889-2348-5
"Madonna - Raw" English version		First Edition	ISBN 978-0-9863-0451-4
"Madonna - Raw" Italian version		First Edition	ISBN 978-0-9863-0452-1
"Madonna - Raw" German version		First Edition	ISBN 978-0-9863-0453-8

Parecía extraño el pedido de un manager que nunca había conocido ni de la que había oído hablar antes.

"Se toma un tren a Roslyn, Nueva York, va a un club llamado blues del Tío Sam y fotografiáis a la cantante de la banda tocando allí. Sólo fotografía a la cantante, no a los miembros de la banda."

¿Cómo?

Desde que me había mudado a Nueva York en 1975, me había tomado un par de años para lanzarme como fotógrafo.

Alrededor de 1978, ya había fotografiado los B-52 para la revista "Interview" de Andy Warhol y usado otra foto de mi iniciativa propia para un afiche del cual imprimí mil copias para anunciar los próximos conciertos de B-52.

En 1979, la foto del afiche se convirtió en la portada del primer álbum de B-52s y también la primera portada para mi...

Otros encargos de portadas de álbums pronto se sucedieron y el hecho de salir a los clubes de música, CBGB, de Max Kansas City, Hurrah's, me significaba encontrarme con otros músicos, fotografiando sus shows en vivo y en general a hacerme "conocer" como fotógrafo de la vida nocturna de Nueva York y del mundo de la música.

Con John Phillips – el tío de mas de dos metros de alto que custodiaba la puerta de Hurra's – nos hicimos amigos, a menudo charlando antes que el concierto comenzara. Al parecer, alguien le había preguntado si sabia de un fotógrafo de conciertos de música competente y él me recomendó.

Recibí una llamada telefónica de una mujer llamada Camille y ella describió su necesidad de fotografías de esta cantante que hasta ese momento no había sido identificada.

"250 dólares, además de la película y los costos de revelado, y además del pasaje de tren," le dije a Camille. Ella no cuestionó los gastos y me dio la fecha en que el concierto se llevaría a cabo. Una vez más, me dijo de fotografiar "sólo a la persona que canta". Me habían contratado muchas veces para fotografiar grupos en concierto para uso publicitario, pero nunca "sólo al cantante".

Lamentablemente, la fecha exacta de este concierto se pierde en la "neblina del combate". He hablado con varios expertos que son muy conocedores de los datos biográficos de esta "cantante", pero todavía no he podido precisar cuando es que en realidad yo estuve en el Uncle Sam's Blues para tomar estas fotografías.

Roslyn, Nueva York queda bastante lejos de Manhattan. Yo nunca había oído hablar de Uncle Sam's Blues. Hay otro club nocturno más famoso en Roslyn, llamado My Father's Place, y de hecho mas tarde ellos mismos pensaron que

My Father's Place había sido la sede que había acogido esta interpretación primera.

No recuerdo nada acerca del club o los invitados que estaban allí esa noche. Por suerte, mis fotos me ayudan a recordar a este cantante en acción.

En primer lugar, era bastante bonita dentro de su estilo casi Punk, pero ella no estaba vestida como un Punk. Las Punks femeninas tienden a vestirse con un estilo unisex y seria difícil describir ese estilo con la palabra sensual. La mujer sobre el escenario esta noche era ... sensual. Tenía medias de rejilla (punk), pero llevaba una minifalda y chaleco de cuero. Estas prendas de cuero no estaban confeccionadas sino mas bien cortadas de manera improvisada. Algo que Jane (Maureen O'Hara) llevaba en las famosas películas de Tarzán de Johnny Weissmuller ...tribu-chic.

Yo estaba mas que cautivado. Ella tenía un estilo vocal único y atractivo, se vestía y actuaba de manera sexy, pero sin pasar a callejera. Era bastante acrobática, bailando y haciendo piruetas sobre el escenario.

Yo estaba bien contento de no tener que prestar atención al resto de la banda. ¿Cuánto tiempo duró la primera serie de canciones? No tengo idea. Lo que recuerdo es que fui detrás del escenario después que elle terminó y le

pregunté a uno de los músicos si iba a haber un segundo show. Me dijo que sí...

Caminé más adentro de los corredores detrás del escenario y cuando vi una puerta abierta, vi a la cantante sentada sola en su camerino.

Golpeando el marco de la puerta, me presenté .

"Hola, mi nombre es George . Soy tu fotógrafo esta noche. ¿Cómo te llamas?"

"Madonna", respondió ella.

"¿Cuál es tu verdadero nombre? ", le pregunté.

"Madonna."

Le dije que había disfrutado de su show, que me había gustado. Yo había visto muchos grupos nuevos tocando en Manhattan. Podía ver cuales bandas estaban recibiendo publicidad y obteniendo los subsiguientes contratos de grabación. Le dije a Madonna que me parecía que su acto era fantástico, que su material y estilo eran únicos y que ella no sonaba como miles de otros cantantes de bar interpretando versiones de canciones populares para los adolescentes suburbanos.

Le dije también que me parecía su traje y su interpretación eran muy sensuales, pero que me daba la impresión de que ella no estaba segura de la manera en que sería "recibida". Le dije que sólo quería asegurarle que todo funcionaba muy bien ...

Camille, la manager, obviamente me oyó decir eso (o parte de eso) y empezó a gritarme.

"¿Cómo te atreves a hablar con mi artista! ¡Fuera de aquí! ", me gritó".

Agarré mi equipo rápidamente y salí del camerino y de la zona detrás del escenario y volví al club.

En el segundo espectáculo, Madonna llevaba una serie de elementos de vestuario. Un suéter blanco de la Universidad de Michigan, con una gran letra "M" para Michigan? o Madonna? Después una chaqueta de una banda marcial y luego una simple camisa de hombre, blanca, incluyendo la etiquetas del lavadero que pertenecerían a alguna otra persona. Era evidente que ella estaba explorando un look, pero eso llegaría mas adelante...

Después de la segunda serie de canciones, regresé a Manhattan con el tren de Long Island. Al día siguiente, revelé los cuatro rollos de película Ilford XP-1 en blanco y negro que yo había tomado durante su espectáculo.

Lo que puede ser "interesante" para fotógrafos profesionales y amantes del arte de la fotografía, es que esta película XP-1 era algo nuevo para mí, nunca la había usado antes. La película, en sí, era una nueva tecnología y la emulsión de la película estaba compuesta de dos capas. Ambas capas juntas producen una sola imagen, pero

una capa era más sensible a la luz que la otra y la capa sensible producía una estructura granulada. La segunda capa de emulsión no era tan sensible a la luz y producía una imagen con grano más fino. Cuando mires las imágenes en este libro, te darás cuenta de que el fondo negro a veces se llena de pequeñas manchas blancas. Esta es la estructura de grano de la capa de emulsión que es menos sensible a la luz.

Llamé a Camille ese día parea decirl que que tenía las hojas de contacto película listas para entregárselas o que las podía venir a buscar, pero nunca respondió a mi llamada.

...y nunca me pagó.

Yo anoté la fecha de revelación de la película sobre cada rollo y en este caso, los rollos están marcados del 102081-1 al 102081-4. Esto me hace pensar que tomé las fotos de Madonna en Uncle Sam's Blues el 19 de octubre 1981.

Madonna había ganado un nuevo admirador durante su concierto en Roslyn. A pesar de que su manager nunca me llamó para recoger las hojas de contacto, pienso que Madonna fue un acto digno de verse. Su potencial de estrella era evidente para mí esa noche en Roslyn. Empecé a mantener los ojos abiertos para los próximos shows de Madonna. Hubo un espectáculo en el Underground, una discoteca en el sótano del edificio donde estaba la

Factory de Andy Warhol. Yo "creo" haber estado presente allí (¡Ay, la neblina del combate!). Pero no tengo ninguna foto de esa noche.

Mas tarde tomé un par de instantáneas en un concierto de Madonna en el techo del edificio donde estaba Danceteria.

Danceteria era un club nocturno muy popular en los principios de los años 80. A menudo había una sesión de cine artístico, a la noche pero temprano, seguido de una noche de baile con los DJs más conocidos de Manhattan. En el verano, había una barbacoa en la azotea donde podías comer una hamburguesa mientras tocaba Flock of Seagulls o, en este caso, una Madonna en plena emergencia.

Yo había traído a Michael O'Brien y Yuki Watanabe a ver a esta mujer de la que yo les había hablado con tanto entusiasmo.

Michael estaba promocionando un evento mensual en Boston llamado "New York Nights". Michael y Yuki salían a explorar Manhattan para descubrir los más nuevos artistas de la New Wave, y contrataban estos artistas en Manhattan para llevarlos al público de Boston que tenía un espíritu abierto y curiosidad por las cosas nuevas ...

En los meses consecutivos, habían contratado a Soul Sonic Force (no te dije que pensaba que Hip-Hop era parte de la Nueva Ola?),

Man Parrish, New York City Breakers, la pintura graffiti en vivo de Bil Blast. Un evento cada mes. Incluso intentamos contratar a Klaus Nomi después de su exitoso debut europeo, pero Klaus tenía una enfermedad mortal.

Michael y Yuki estaban tan impactados con Madonna, tanto que convinieron una sesión de vídeo de tres cámaras en un club llamado "Metro".

Tomé un vuelo para participar de los festejos y fotografiar este evento. Esta vez ya tenía otra película "nueva", diapositiva en colores fabricadas por Polaroid. Era una nueva película en una cinta estándar de 35 mm, pero la película se podía revelar inmediatamente con la ayuda de una pequeña máquina de revelado. La película se podía entonces cortar, montar en pequeños marcos y colocada inmediatamente en un proyector de diapositivas. A mi me parecía que esto era lo máximo. Ser capaz de fotografiar los músicos y el público en un club nocturno y 15 minutos mas tarde poder proyectar las mismas imágenes con un proyector de diapositivas. Esta era la vanguardia tecnológica que precedió la fotografía digital, anterior a la fotografía y proyección digital.

Lo malo de la película Polaroid era que la emulsión tenía líneas, no tengo idea por qué o para qué motivo. El segundo problema es que la emulsión de esta película diapositiva es muy delicada y sus ceptible a los rayones. Solo pude rescatar un par de escenas de esa noche en Boston.

El primer show de Madonna en Boston fue un concierto memorable por dos razones. Fue el segundo concierto que vi donde Madonna ahora contaba sobre la banda sonora de sus propias melodías. No había mas grupo. Ella tenía dos bailarines, otra mujer y su hermano. Me imagino que el aspecto de "bailarina" de Madonna estaba tomando una posición mas prominente en su espectáculo.

El look de Madonna sobre el escenario ahora estaba concentrado y solido. Su colaboración con la influyente Maripol le concedió a Madonna el look original que dio origen a su propia tendencia de la moda.

Después del concierto en el Metro, fui al camerino donde Michael O'Brien y Yuki Watanabe estaban ya cortejando a Madonna. Cuando Madonna se dio cuenta de mi presencia, me preguntó: "¿Qué estás haciendo aquí?"

Supongo que ella me recordaba de Roslyn?

"Yo fui el que te obtuvo este trabajo," le dije.

Con el tiempo, le di mis negativos a mi agente de reventa, Londres Features International, quienes comenzaron a licenciar mis imágenes de Madonna para diversas publicaciones y libros. Nunca supe exactamente cuales fotos de Madonna fueron cedidas bajo licencia, o para cuales destinatarios. Recuerdo un incidente varios años después. Recibí una llamada telefónica de alguien que dijo que estaban llamando de Maverick Records, sello discográfico de Madonna. Me preguntaron cuánto cobraria por una impresión de 16 x 20 pulgadas del show de Roslyn.

Les dije, "mil dólares". Todavía me dolía un poco el haber sido estafado por Camille. Era una gran suma de dinero entonces y es un montón de dinero hoy, pero mis precios de hoy han llegado incluso más alto que ese nivel.

Maverick Records nunca compró esa foto. Un año o dos más tarde, Maverick me llamó de nuevo y me preguntó cuál era mi precio de una impresión de 16 x 20 pulgadas del show de Roslyn.

Les dije: "Dos mil dólares". El tiempo pasa ... tan lentamente ... El 16 de febrero de 2015, recibí un mensaje electrónico de un tal Matthew Rettenmund. Me dijo que era el editor de la "Enciclopedia Madonnica, Madonna de la A a la Z"

Matthew me dijo que quería ver todas mis fotos "inéditas" de Madonna.

¡Seguro!

Le contesté que yo había digitalizado varias de las imágenes que más me habían gustado de la serie en Roslyn 1981 y que yo estaría encantado de enviarle los .jpegs de esas imágenes para que el las pudiera estudiar. Yo no estaba realmente seguro de cuál de las fotos escaneadas ya habían sido publicadas.

Eso no satisfizo el Sr. Rettenmund.

Él respondió que quería ver todas las imágenes de esa noche. Le escribí que eso no iba a ser posible, yo no tenía todas las imágenes escaneadas.

El escribió para decir que me pagaría para escanear todas las películas de nuevo.

Estuve de acuerdo en un precio y pensé: "¿Qué demonios. Puedo escanear dos rollos de película de135-36, esos son sólo 72 scans".

¡Ja-ja-ja! Me había olvidado de que había cuatro rollos, tenía doble trabajo que hacer.
Al final, Matthew compró la licencia de bastantes de las imágenes para la segunda edición de su Enciclopedia Madonnica, que es en realidad un libro bien fascinante.

Yo, en cambio, sabía que ahora tenía todas esas imágenes de Roslyn escaneadas y mientras retocaba marcas de polvo o rayas me di cuenta de que había muchas imágenes que yo nunca había visto antes o que se me habían olvidado completamente. Vi un par de imágenes que eran mejor de lo que recordaba.

Nuevas favoritas.

A menudo, en entrevistas o simples reuniones con los fans de los Ramones, de B-52s y otros grupos con quienes yo había trabajado, me salen con un montón de preguntas acerca de "¿cómo era? ¿Qué se sentía?". Me hicieron pensar que debería escribir un libro, que ya he hecho en el caso de los Ramones acerca de mis 12 años de relación produciendo imágenes para sus portadas y fotos de publicidad, y otro libro aún de mayor alcance acerca del trabajo que hice en el género Hip-Hop .

Así que aquí está, mi libro sobre Madonna. Estoy incluyendo cada una de las fotos que le tomé esa noche en Roslyn, Long Island, Nueva York en Octubre de 1981. No sé si fue el primer concierto de Madonna como figura principal, pero sé que fue uno de sus primeros conciertos. Ella todavía estaba buscando un "look" para su imagen sobre el escenario, y también estaba buscando las canciónes adecuadas en el contexto adecuado.

También incluí una foto de Madonna en el techo de la Danceteria y un par de su show en el Metro.

Esta es mi Madonna, sin retoques ni mascaras.

De tanto en tanto una de mis fotos puede estar fuera de foco, ya que los movimientos de Madonna en la luz débil del escenario ocasionaron que por mi baja velocidad de obturación en mi cámara su imagen apareciera difusa. Algunas imágenes estan demasiado oscuras.

Pero he decidido mostrar todas las imágenes sólo para que no hubiera más discusión, y al servicio de la libertad de información.

A principios de 2015, me contactó Jon Gordon, el guitarrista que tocó con la banda de soporte Madonna en el club Uncle Sam's Blues en Roslyn. Me preguntó si tenía alguna foto de ese concierto que mostraba el guitarrista. Le dije que yo había sido contratado sólo para captar a la cantante esa noche y no pensaba que tendría alguna del guitarrista. Había visto varias imágenes en las que el bajista estaba visible, pero no me acordaba haber visto nada del guitarrista.

Después de haber explorado todas las imágenes de nuevo para Matthew Rettenmund y al estar eliminando cuidadosamente todos las marcas de polvo y rayones, encontré una imagen que mostraba el guitarrista. Se la envié a Jon y, de hecho, era él.

Le pregunté a Jon si sería tan amable de responder a algunas preguntas, en particular si estas fotos que yo tenía eran de hecho del primer concierto de Madonna como solista.

Aquí está nuestra conversación:

GDuB: 1. Cuando la manager de Madonna se puso en contacto conmigo y me pidió que fuera a un club en Roslyn, Nueva York llamado Uncle Sam's Blues, me dijo explícitamente que era sólo para tomar imágenes de la cantante. ¿Cuándo empezaste a tocar con Madonna, estaba claro para ti y los demás miembros de la banda que ella era la solista?

JG: Empecé a tocar con Madonna alrededor de la primavera de 1980. Pasé una audición para el contrato. Estaba bien claro que Madonna era la solista. El resto de la banda eran "asesinos a sueldo", cobrando por nuestros servicios pagados por Camille y su pareja, Adam Alter.

GDuB: 2 ¿Recuerdas los nombres de los otros músicos?

JG: Tambores: Bob Riley (más tarde sustituido por Steve Bray)
Bajo: John "K" Kumnick.
Teclados: David Frank.

GDuB: 3. ¿Le músicos fueron bien compensado por sus esfuerzos?

JG: Nos pagaron por los ensayos y actuaciones de acuerdo con los usual de la época. Debe quedar claro que no fuimos en ninguna manera embaucados en nuestra compensación, que yo sepa.

GDuB: 4. Alguno de estos músicos estuvo en la banda Breakfast Club?

JG: Steve Bray, quien tocó la batería después de que Bob Riley se fue, estaba en una banda llamada "Breakfast Club" que posteriormente obtuvo un contrato de grabación y cierto éxito y popularidad. Creo que la banda había existido en varias configuraciones sucesivas. He oído que Madonna cantó con ellos una vez, antes del contrato de grabación.

GDuB: 5. ¿Cuántos conciertos tú y este grupo de músicos tocaron con la Sra M antes y después del espectáculo en Uncle Sam's Blues?

JG: Yo diría que habíamos hecho un total de 8 a 12 espectáculos en la zona de Nueva York a mediados o finales de 1981. Algunos de los espectáculos más tarde habrían sido con Steve Bray en la batería.

Por lo que yo recuerdo los sitios fueron:

U.S. Blues - 2 shows
The Underground (Union Square) - 1 show
Max's Kansas City - 1 show
Cartune Alley - 1 show
(Sala?) en un banco en Soho - 1 show
Queen's College Student's Union - 2 shows

Otras asociaciones locales de estudiantes de la universidad 1 a 3 shows

GDuB: 6. ¿Hubo otros conciertos con una banda después del espectáculo que fotografié en US Blues?

JG: Sí, US Blues fue uno de los primeros shows que hicimos. Hubo varios después.

GDuB: 7. La segunda vez que vi a Madonna fue su actuación en el techo de Danceteria. No había ninguna banda, que ahora estaba cantando sobre una pista sonora con su hermano y otra mujer. ¿Cómo fueron informados usted y los otros que sus servicios ya no eran necesarios?

JG: Yo ya no estaba afiliado con ella en ese momento, por lo tanto solo puedo suponer. Yo ya había sido sustituido por otro guitarrista muy bueno, Paul Pesco. Mi propio puesto con ella se había

terminado un poco mas temprano de mutuo acuerdo entre Camille y yo. En ese momento yo era un profesional independiente muy ocupado y nadie, excepto posiblemente la propia Madonna, tenía una bola de cristal para ver hacia dónde se dirigía su carrera. La banda de acompañamiento de Madonna estaba siendo financiada por la agencia de Camille. Eventualmente hubo una separación y Camille dejó de representar a Madonna.

Es poco probable que en ese momento Madonna habría tenido los recursos para seguir conservando la banda. Eso habría sido evidente para los miembros de la banda. Creo que sus apariciones de dance-club habrían sido posterior a ese entonces. Algunos de sus acompañantes musicales de la época - en particular Steve Bray y Paul Pesco, trabajaron con ella más adelante.

GdB: 8. ¿Fueron algunas de las canciones que se realizaron en US Blues colaboraciones con alguno de los miembros de la banda?

JG: No creo. Posteriormente tocamos algunas canciones que Madonna había co-escrito con Steve Bray, pero no en US Blues.

GdB: 9. Sé que Madonna tocaba la batería al principio de su carrera, tocó también algún otro instrumento?

JG: Ella tocaba la guitarra y los teclados y cualquier cosa que pudiera tener en sus manos. Camille era propietaria del local de ensayo que usábamos y Madonna tenía permiso para usarlo en las horas libres. Ella utiliza ese tiempo para grabar demos básicos de sus canciones, con el primer instrumento que se le ocurría.

GDuB: 10. Entonces, ¿quién escribió las líneas de bajo y las melodías sobre las letras de las canciones que tocaron en este espectáculo?

JG: Por lo que yo sé, Madonna había escrito las letras y melodías ella misma, con excepción de una o dos canciones que había escrito con Steve Bray. Yo ocupé la función de su director musical, preparando la música escrita que la banda utilizó en los ensayos. Todo basado en sus cintas de demostración.

En un momento se trabajó en una versión de Buffalo Springfield de "For What It's Worth", pero no recuerdo honestamente, si la tocamos en US Blues. En cuanto a las líneas de bajo, eso es un elemento del arreglo musical y no la canción en sí. Podría haber habido líneas de bajo de las demostraciones que tocamos, es posible yo haya sugerido algunas, o que John K las haya inventado. Lo más probable es una combinación de las tres cosas.

GdB: Puede ser que ya lo sepas, pero después de la primera serie, yo fui detrás del escenario y encontré a Madonna sola en un vestidor. Yo estaba charlando con ella, dándole palabras de aliento y Camille me oyó.

"¿Cómo se atreve a hablar con mi cantante!", exclamó.

Volví al lugar y fotografié la segunda serie. Llamé a Camille y dejé un mensaje un día o dos más tarde, diciéndole que de los cuatro rollos de película ya se habían hecho las hojas de contactos y de que están listos para ser recogidas. Nunca mas tuve noticias de Camille.

JG: No sabía. Creo que es sabido que la relación de negocios entre Camille y Madonna fue problemática y que Camille le hizo juicio a Madonna en un cierto punto.

En cuanto a mi relación con Camille, ella se encargó siempre de que yo fuera justamente compensados por mi trabajo y jugó un papel decisivo en darme la oportunidad de coproducir un demo de las canciones de Madonna - algunos de los cuales se han filtrado en línea y ahora se conocen como las cintas "Gotham". Yo trabajé para Camille algunos años más tarde por otro artista, Tatiana Cameron. Aunque hemos tenido algunos desacuerdos, hemos tenido una relación esencialmente cordial desde muchos años. En breve, no tengo ninguna queja sobre Camille.

GDuB: Estoy tratando de pintar a Madonna en una buena luz con este libro, no hay ninguna biografía, sólo fotos de uno de sus primeros conciertos.

JG: La Madonna que yo conocí tenía talento, estaba muy motivada, con mucha confianza en si misma. Yo no sobreestimé el valor que yo tuviera para ella, per elle me gustaba bastante.

Lo siento si no he entendido bien algunas de sus preguntas.

1) Durante todo el tiempo que yo trabajé con Madonna estaba bien claro que ella era la solista. Fuimos contratados específicamente para ser su banda de acompañamiento.

2) En relación a las fechas: Tenía la esperanza de encontrar una agenda de aquellos años, pero me parece que no las he guardado. Estuve leyendo recientemente lo que parece ser una biografía bien documentada de Madonna ("Madonna", de Andrew Morton). Sí parece que la mayor parte de mi empleo con ella se produjo durante 1981. Dice que comenzamos a trabajar en su demo en los estudios Mediasound en agosto de 1981. En ese momento Steve Bray se estableció como baterista de la banda. Si el show en US Blues fue en Octubre, entonces Steve Bray hubiera sido el baterista. Si usted tiene una foto del baterista y él es negro, eso se confirmaría, ya que Bob Riley era blanco.

3) Yo tenía originalmente la impresión de que la mayor parte de mi empleo con Madonna fue en 1980, no "mediados de los 80". Por favor, vuelva a leer mi respuesta a la primera pregunta - dije "primavera de 1980".

Sin embargo, parecería que hubiera estado de vacaciones por un año, debido a que todos los eventos que recuerdo se atribuyen a 1981 por fuentes independientes. Es posible que yo haya trabajado con Madonna principalmente en 1981 así que debo aceptarlo como exacto.

Espero que esto conteste tus preguntas.

Saludos, Jon

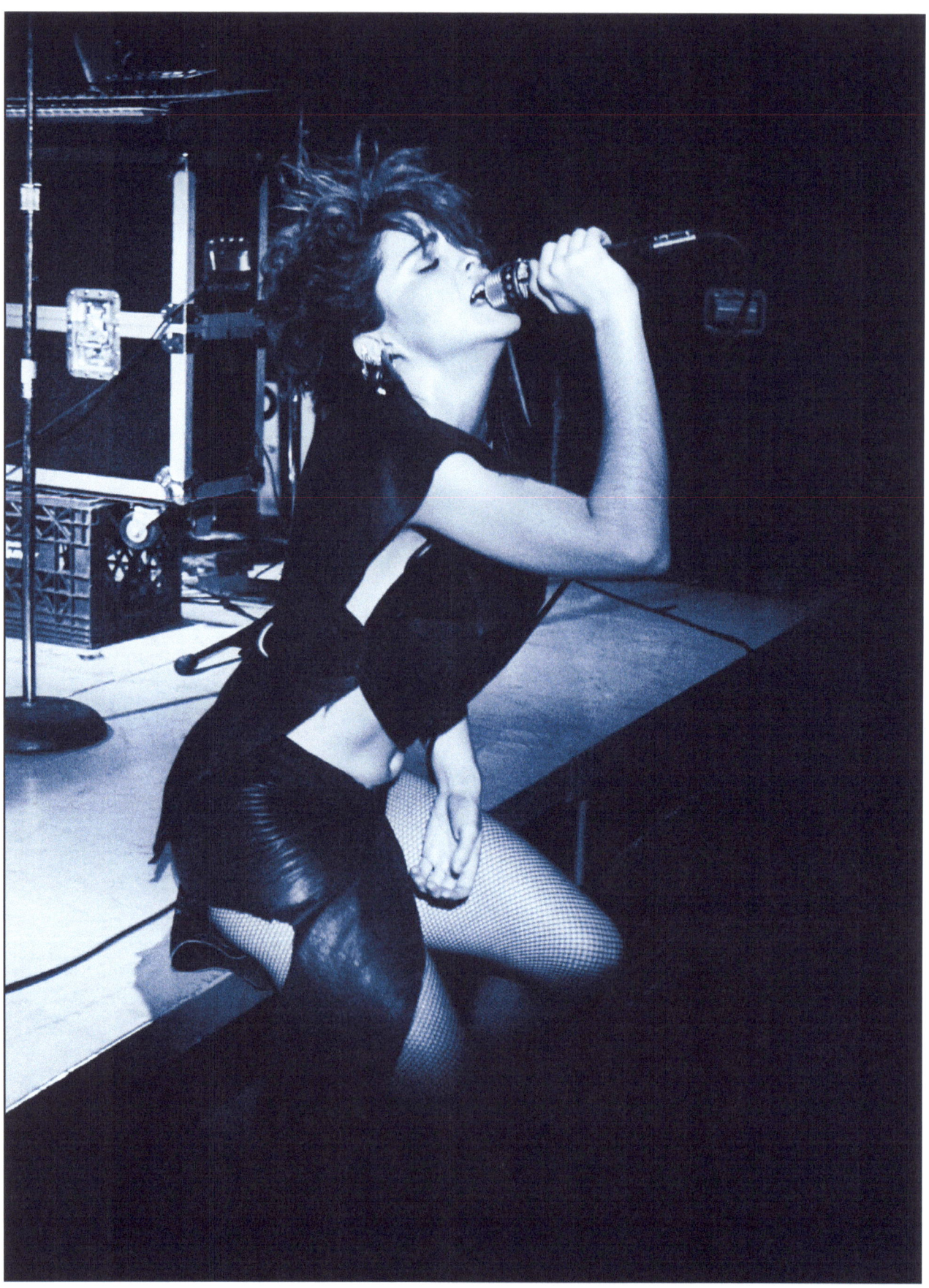

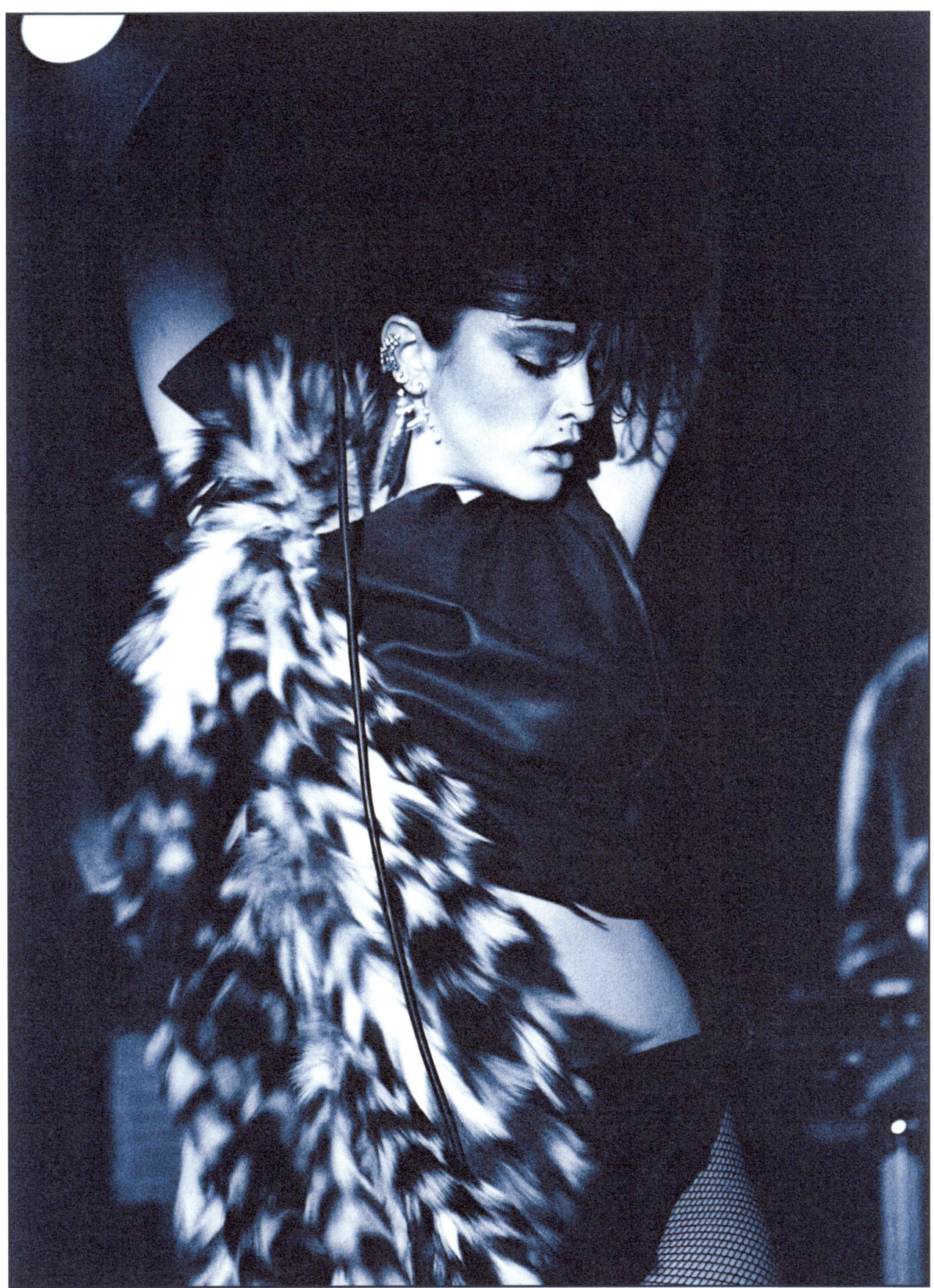

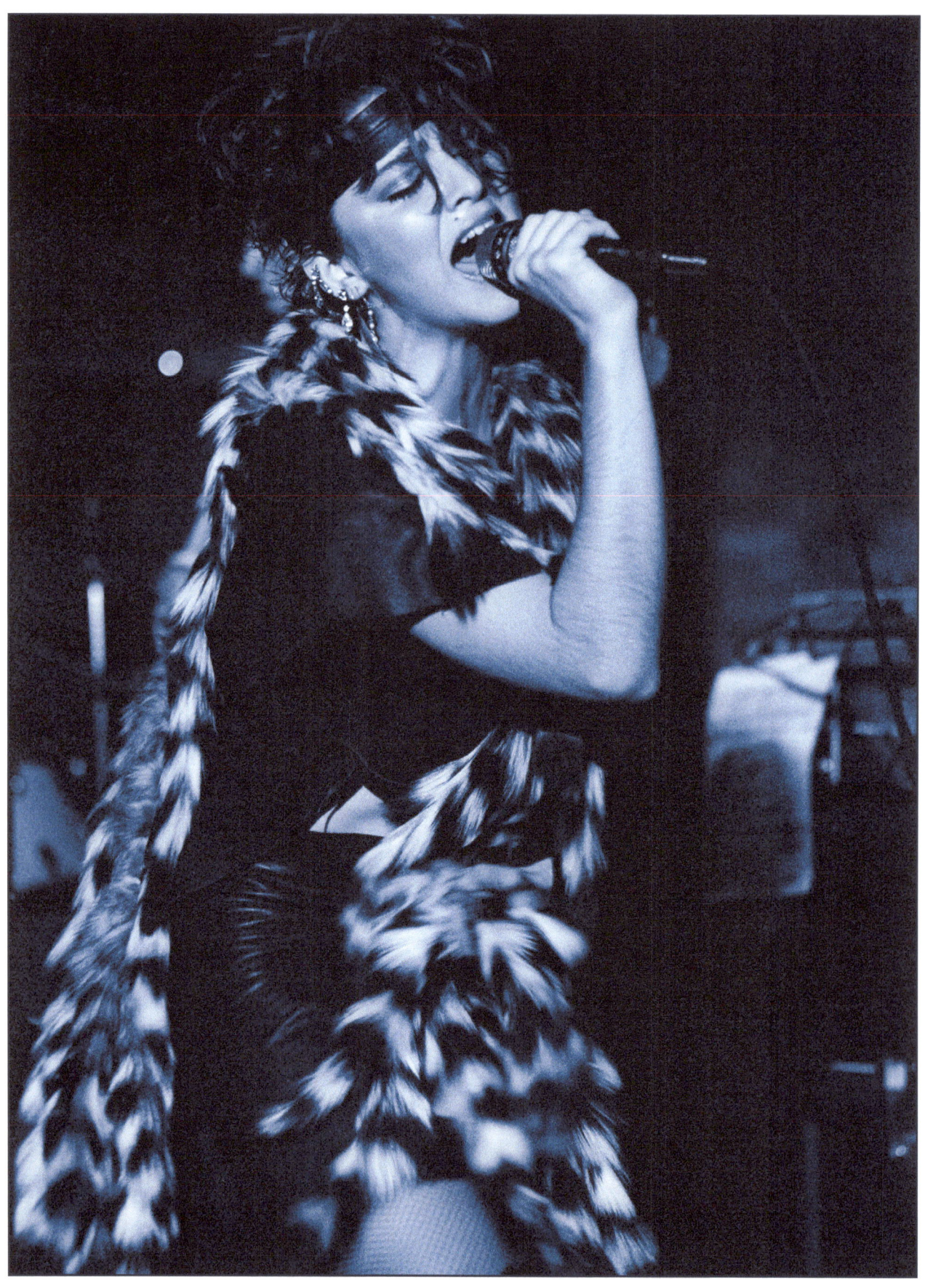

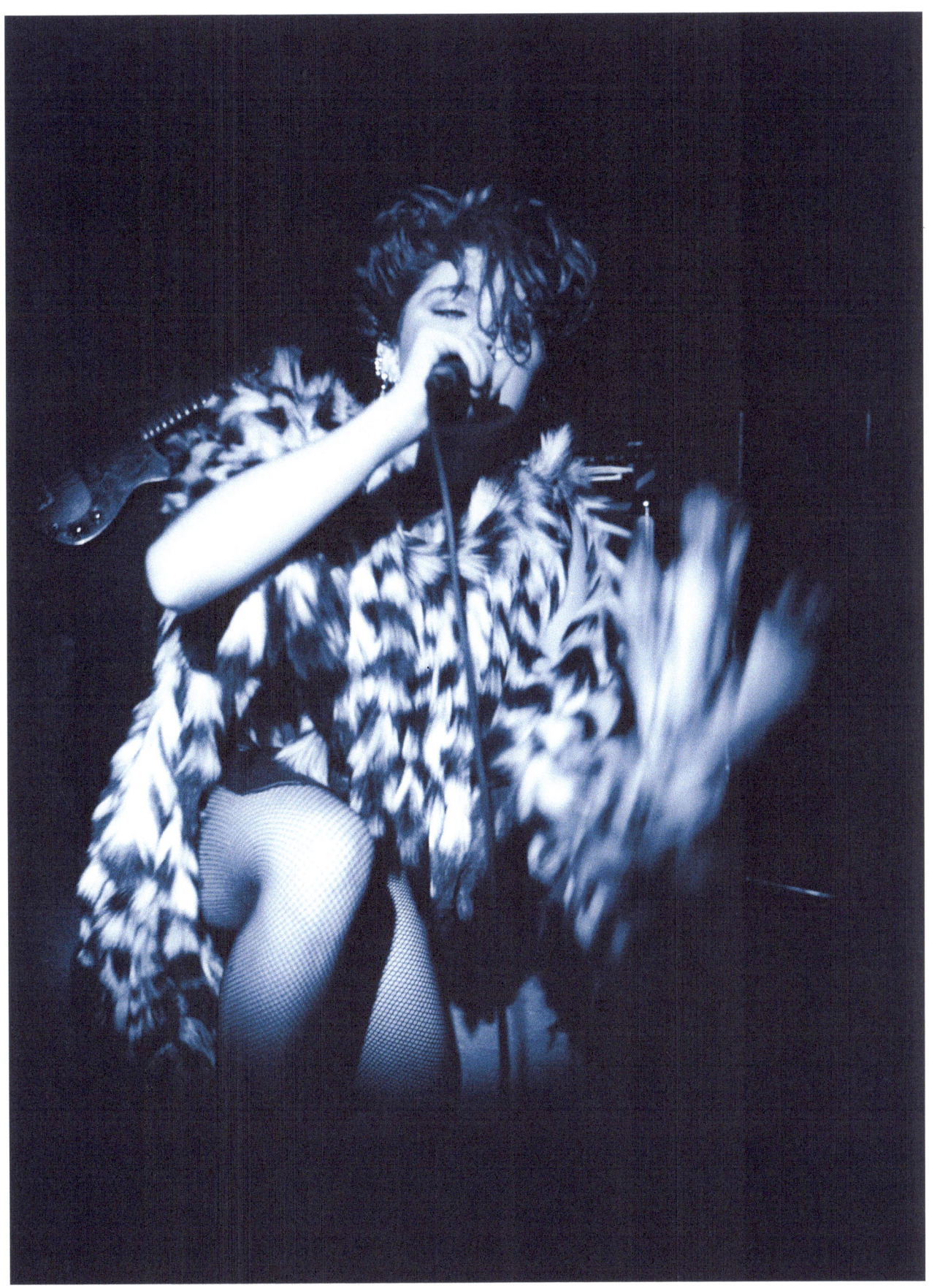

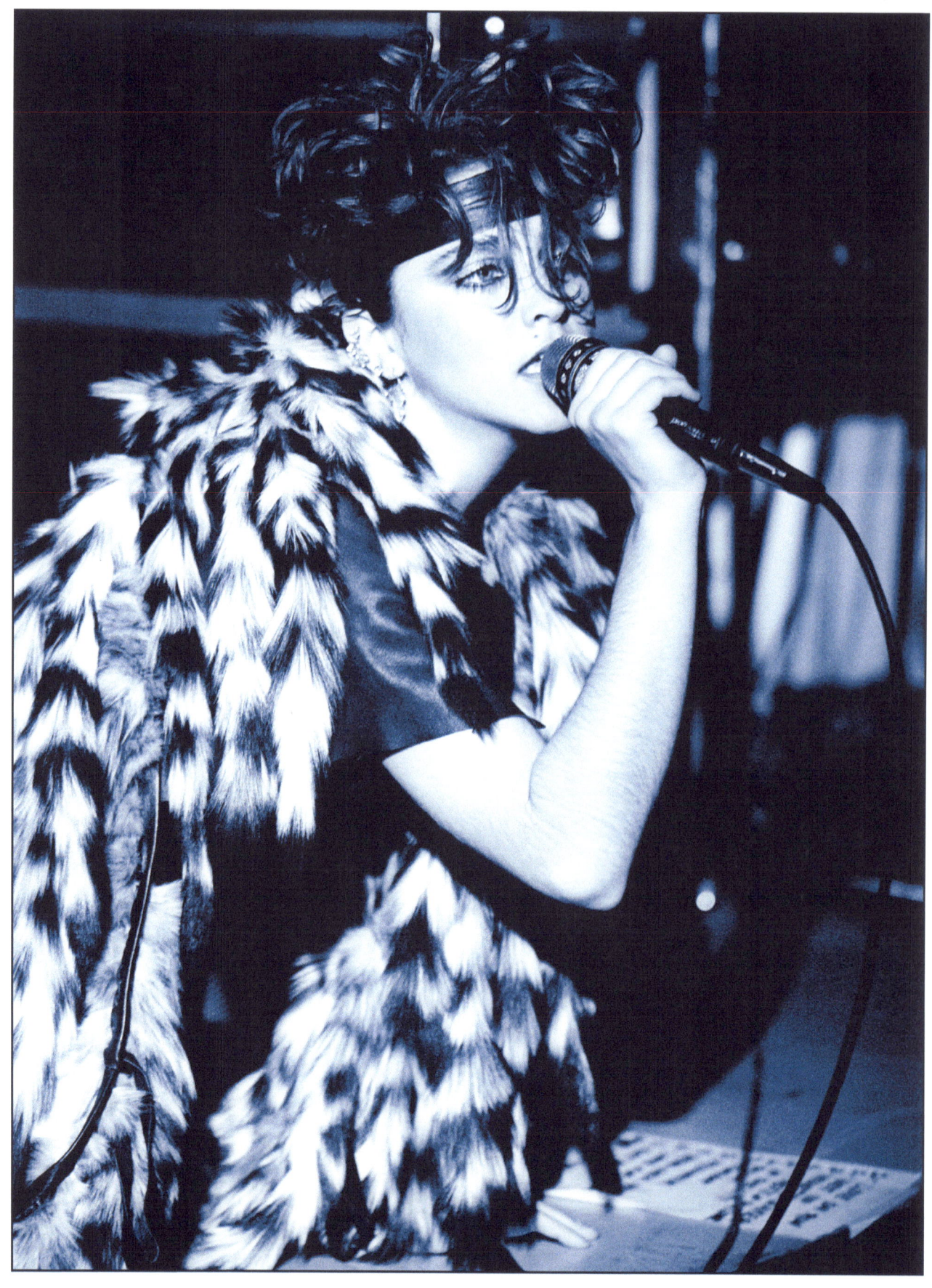

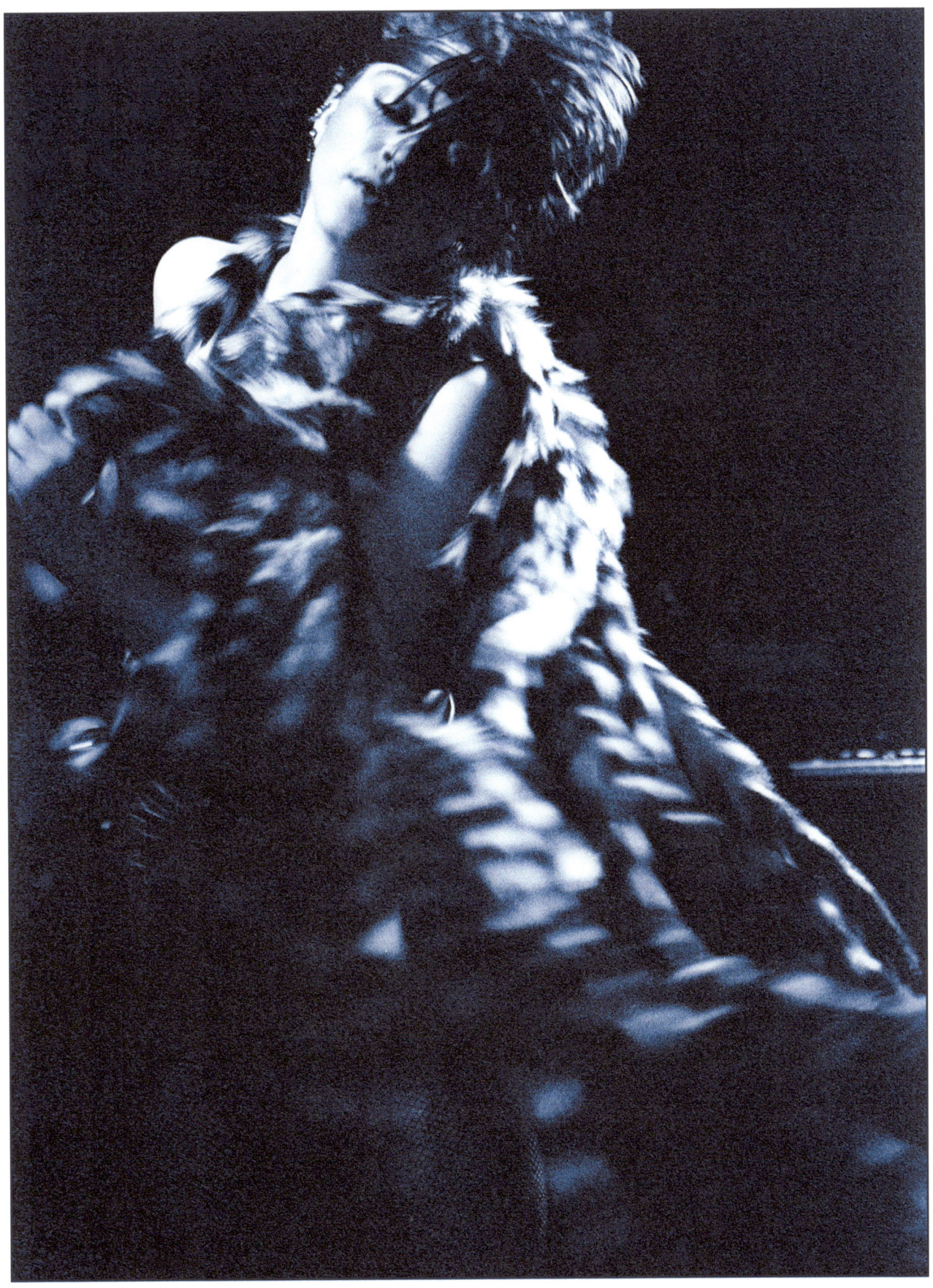

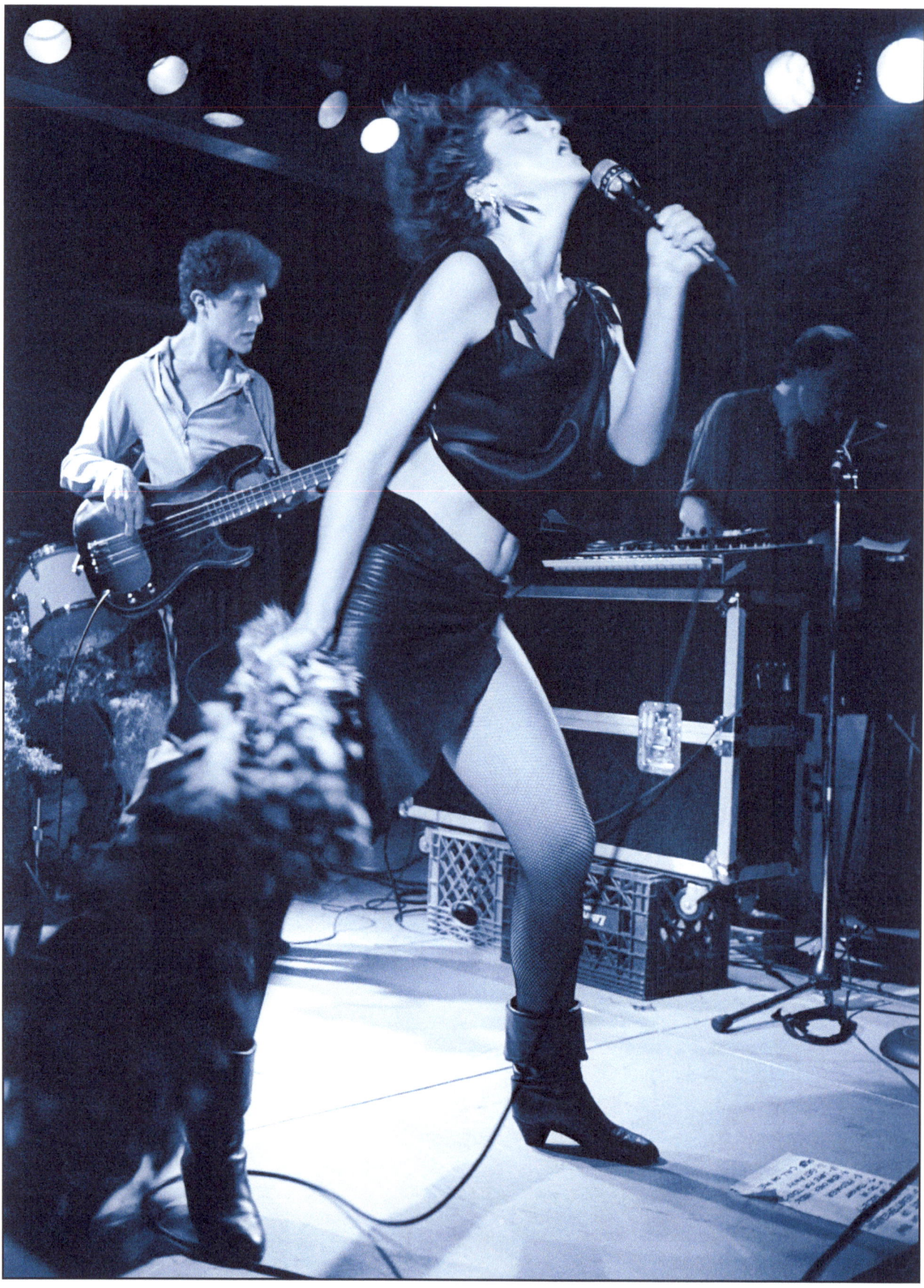

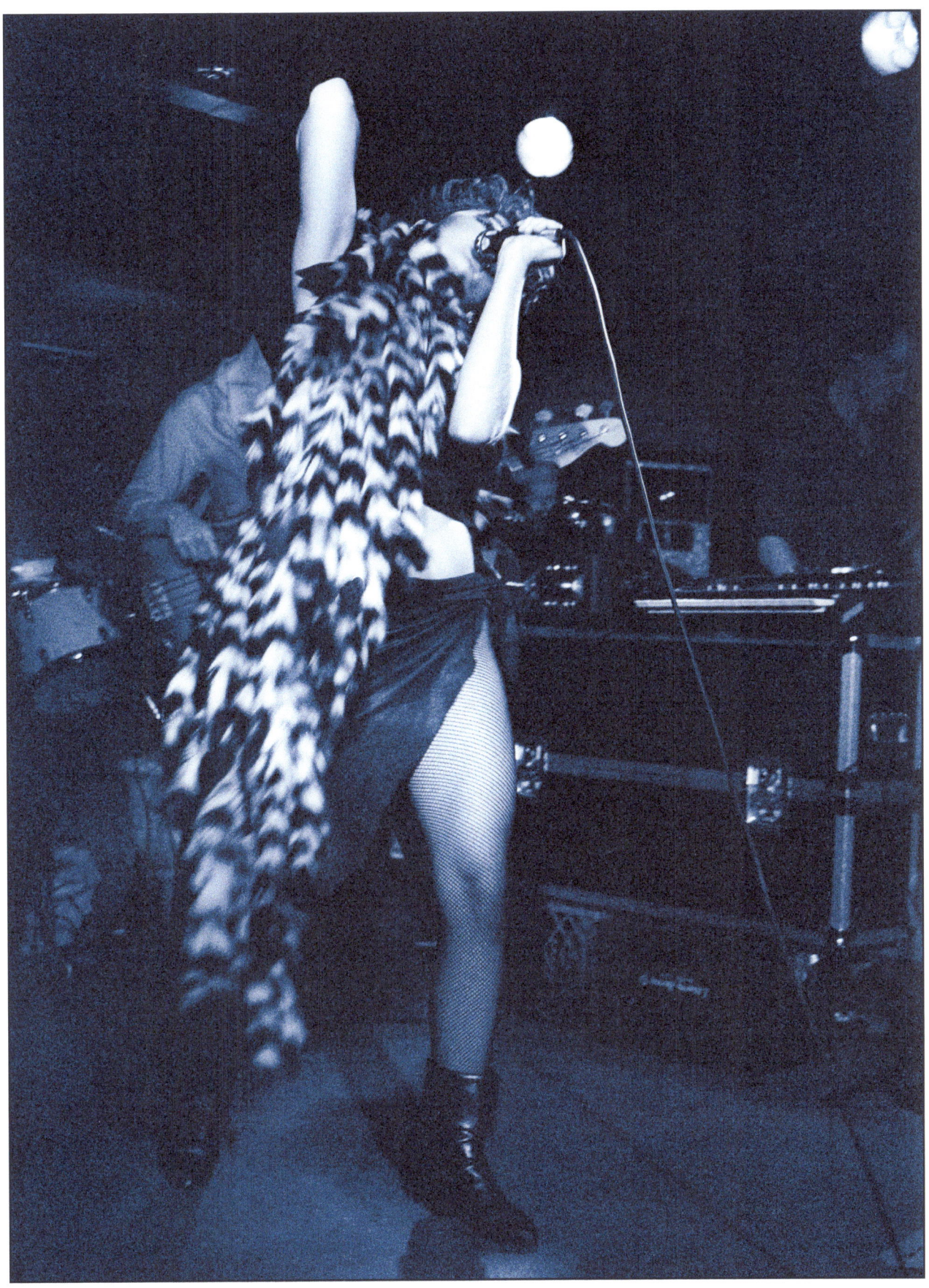

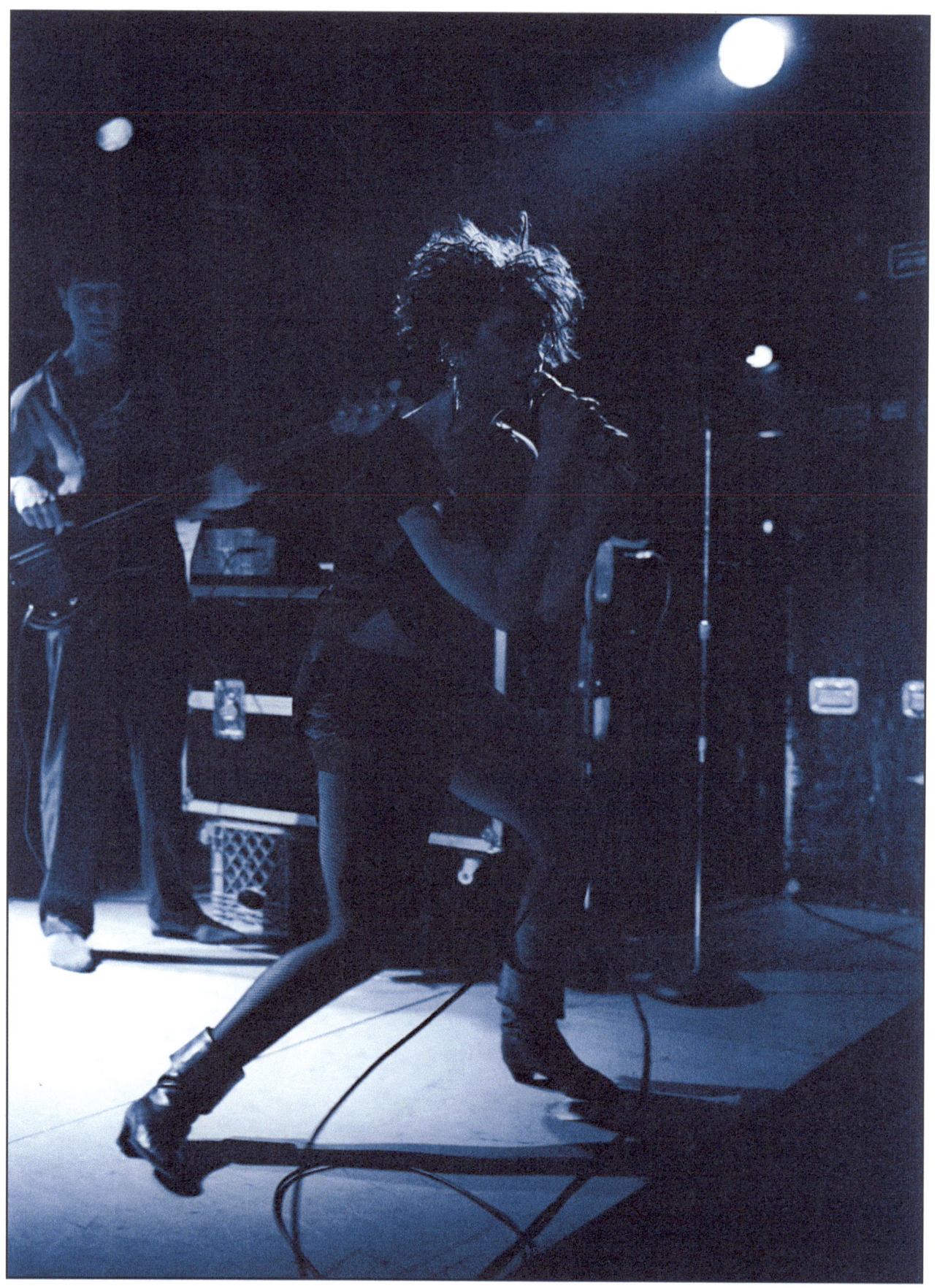

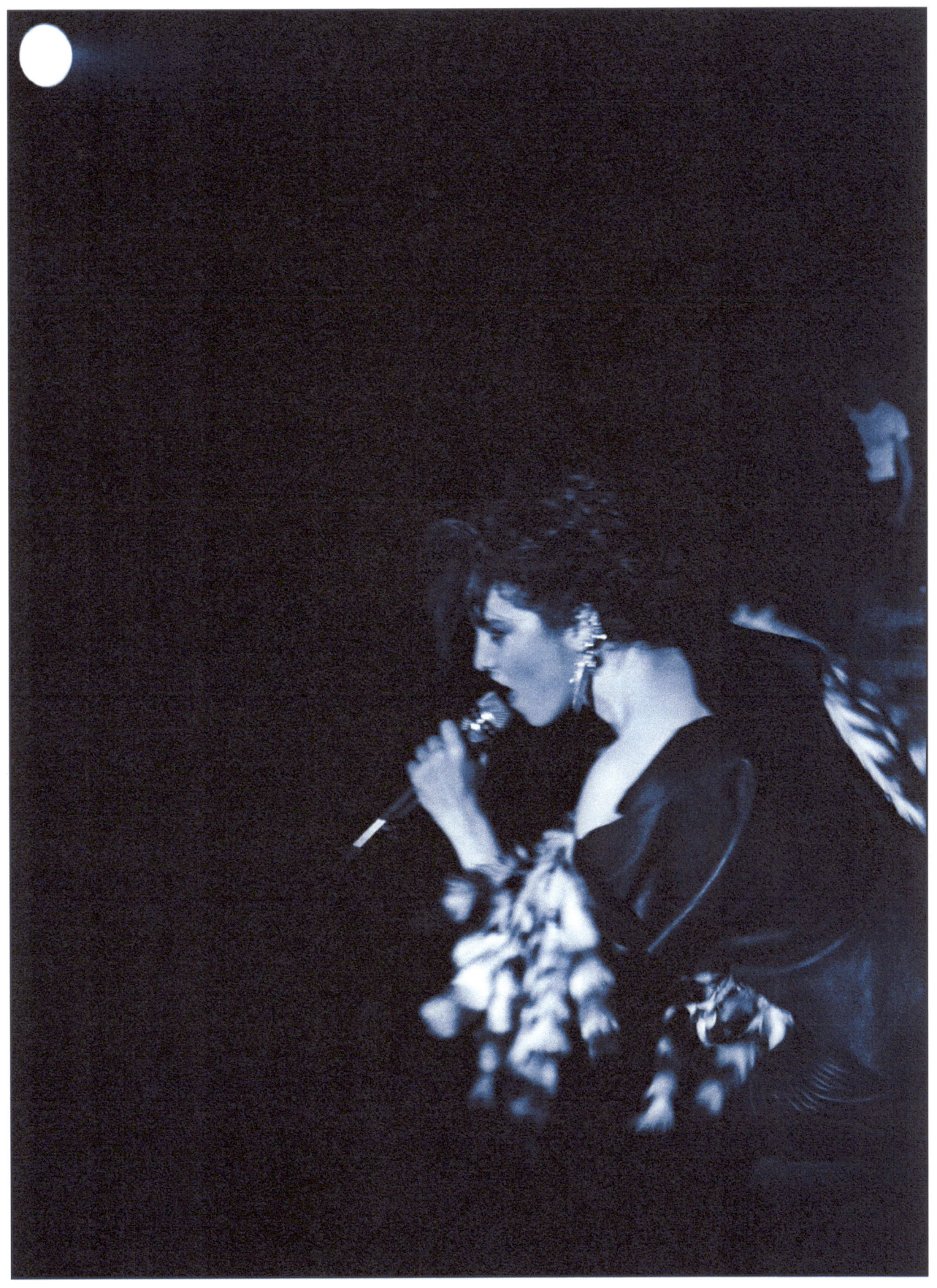

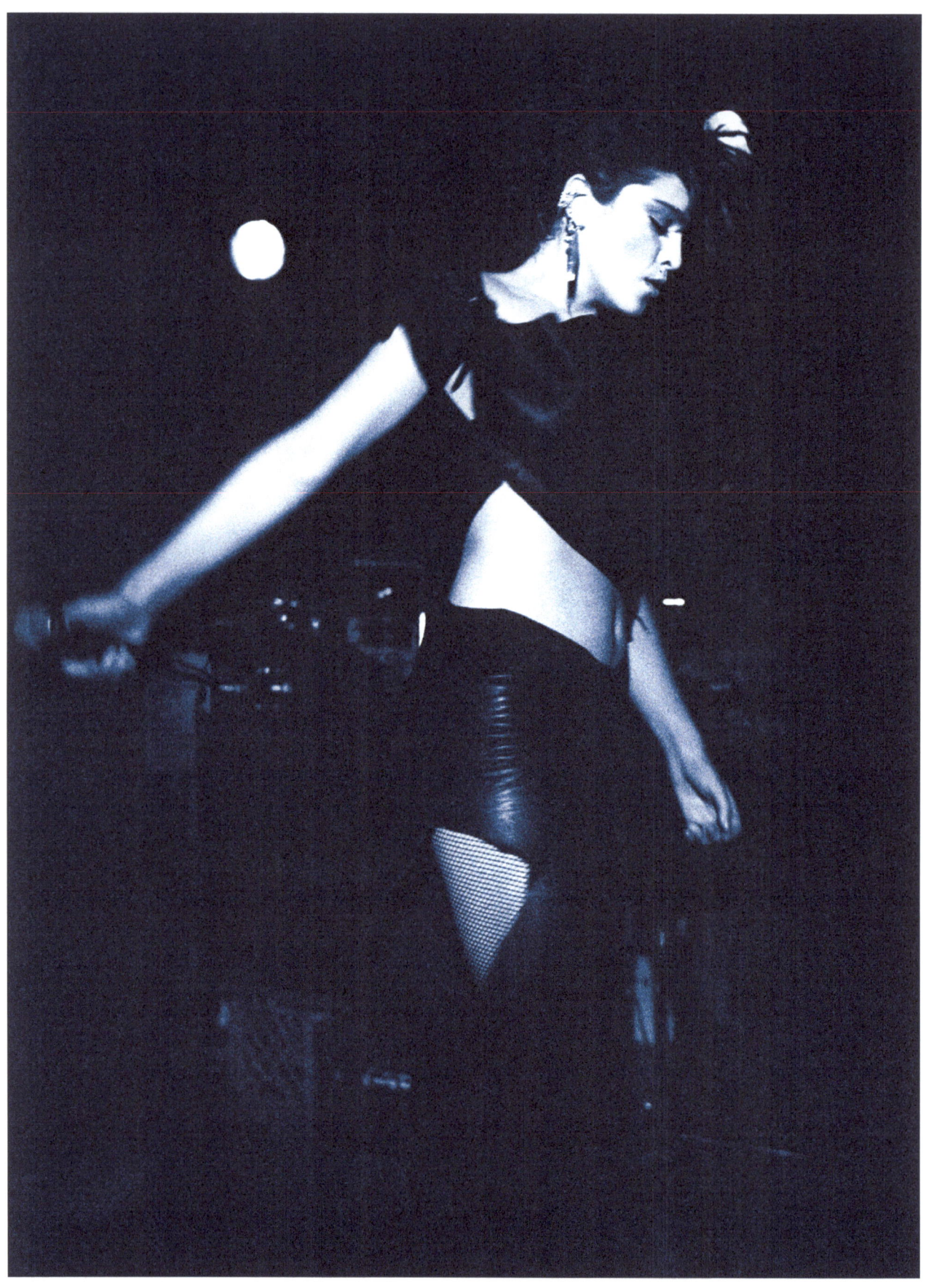

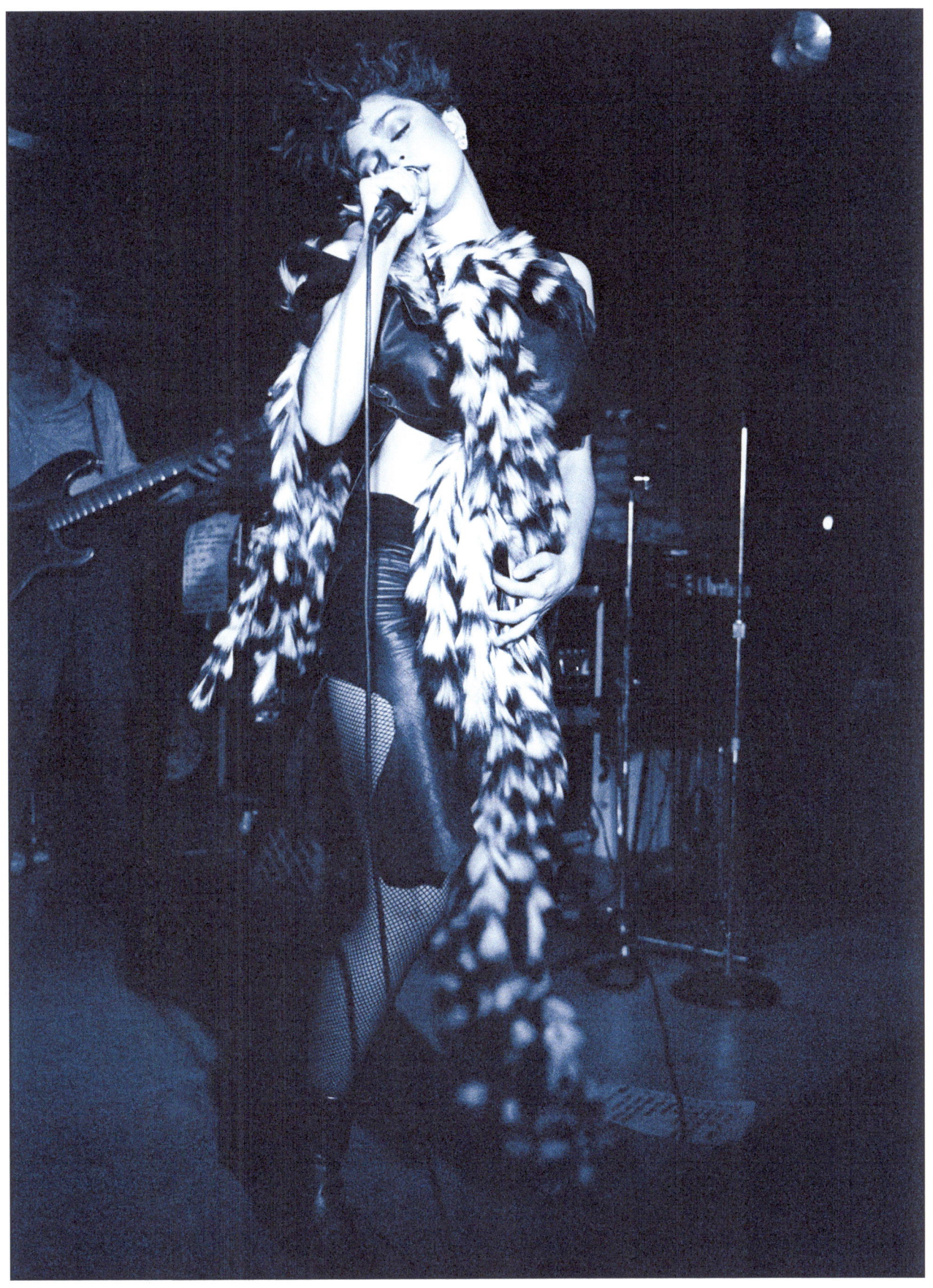

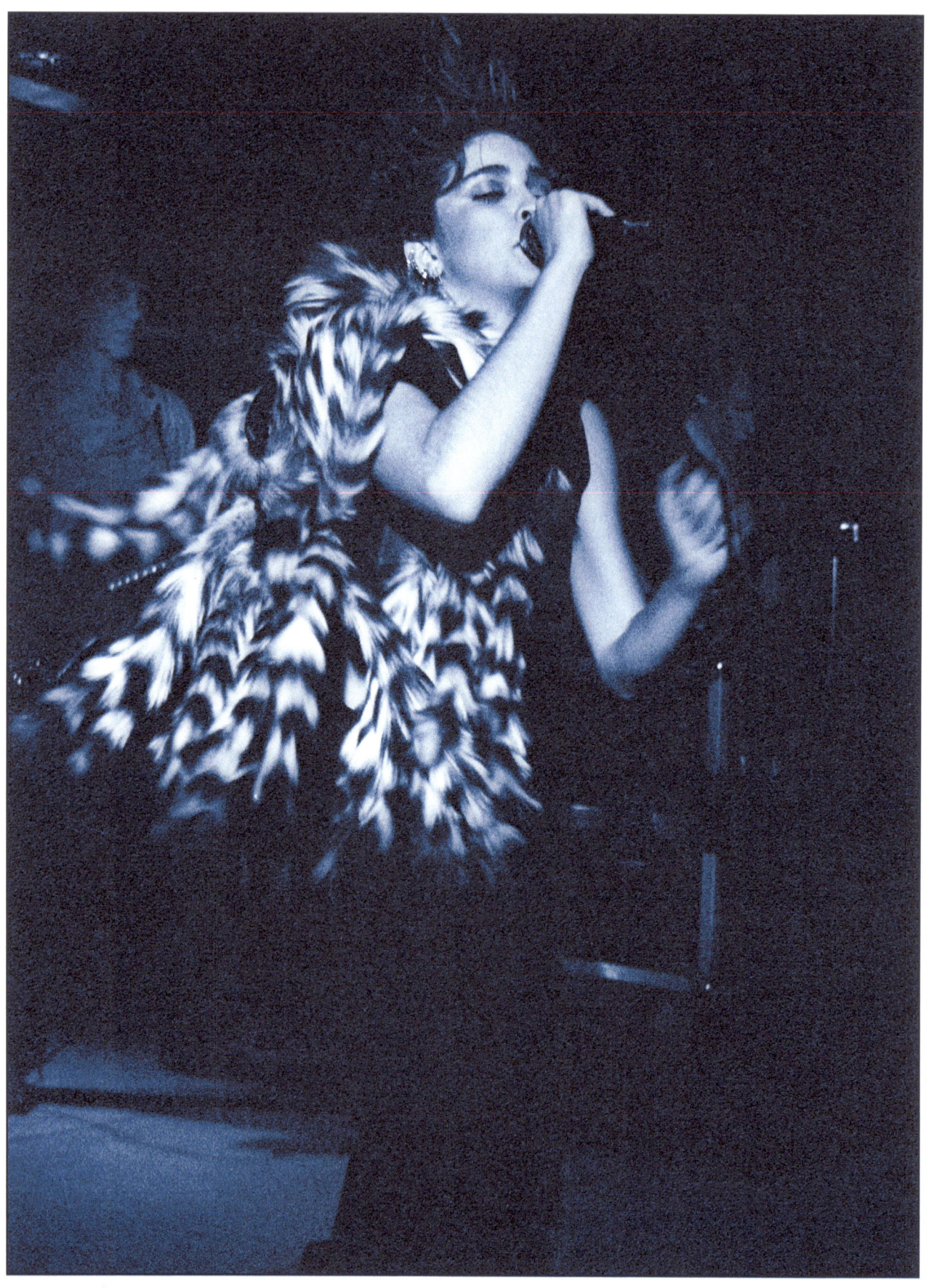

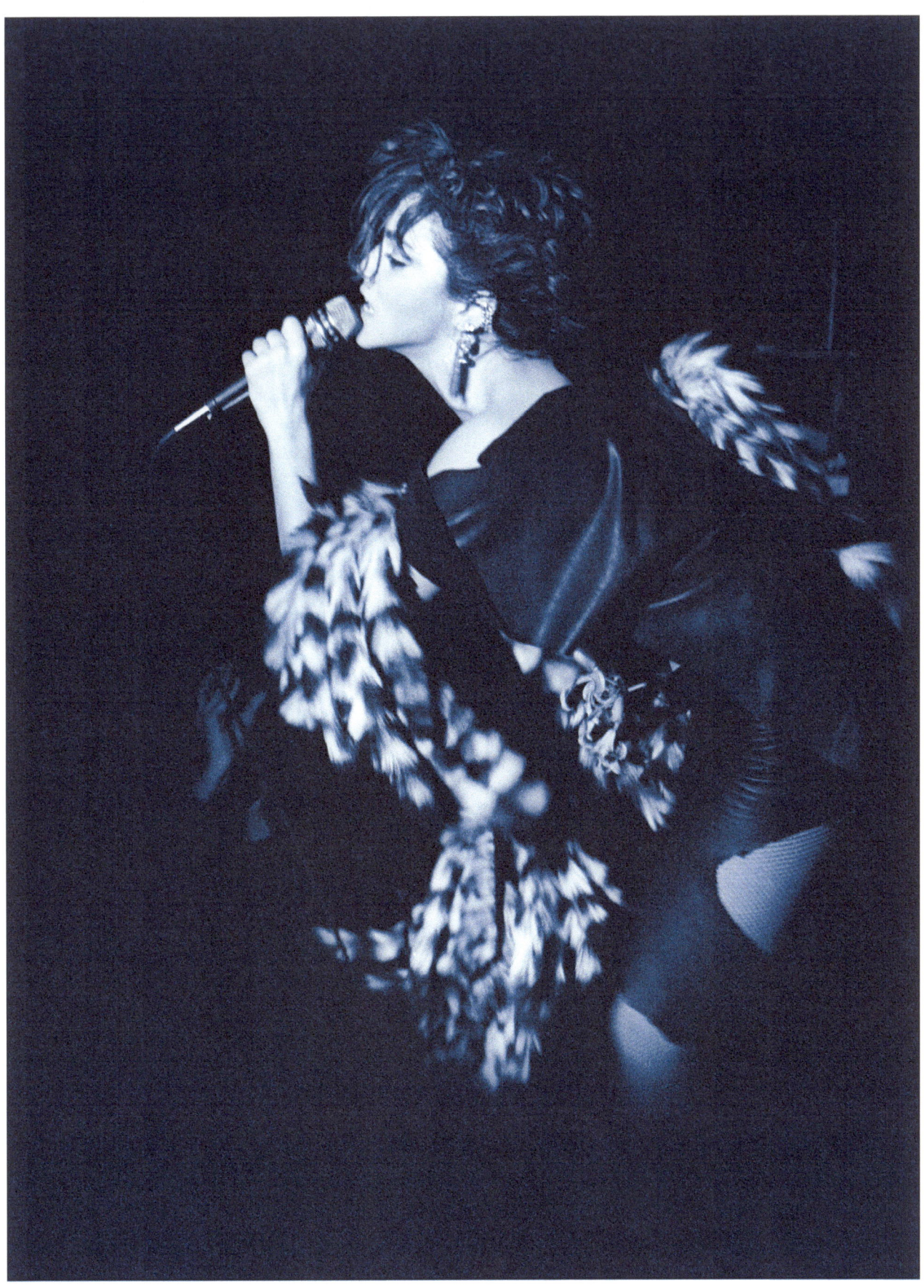

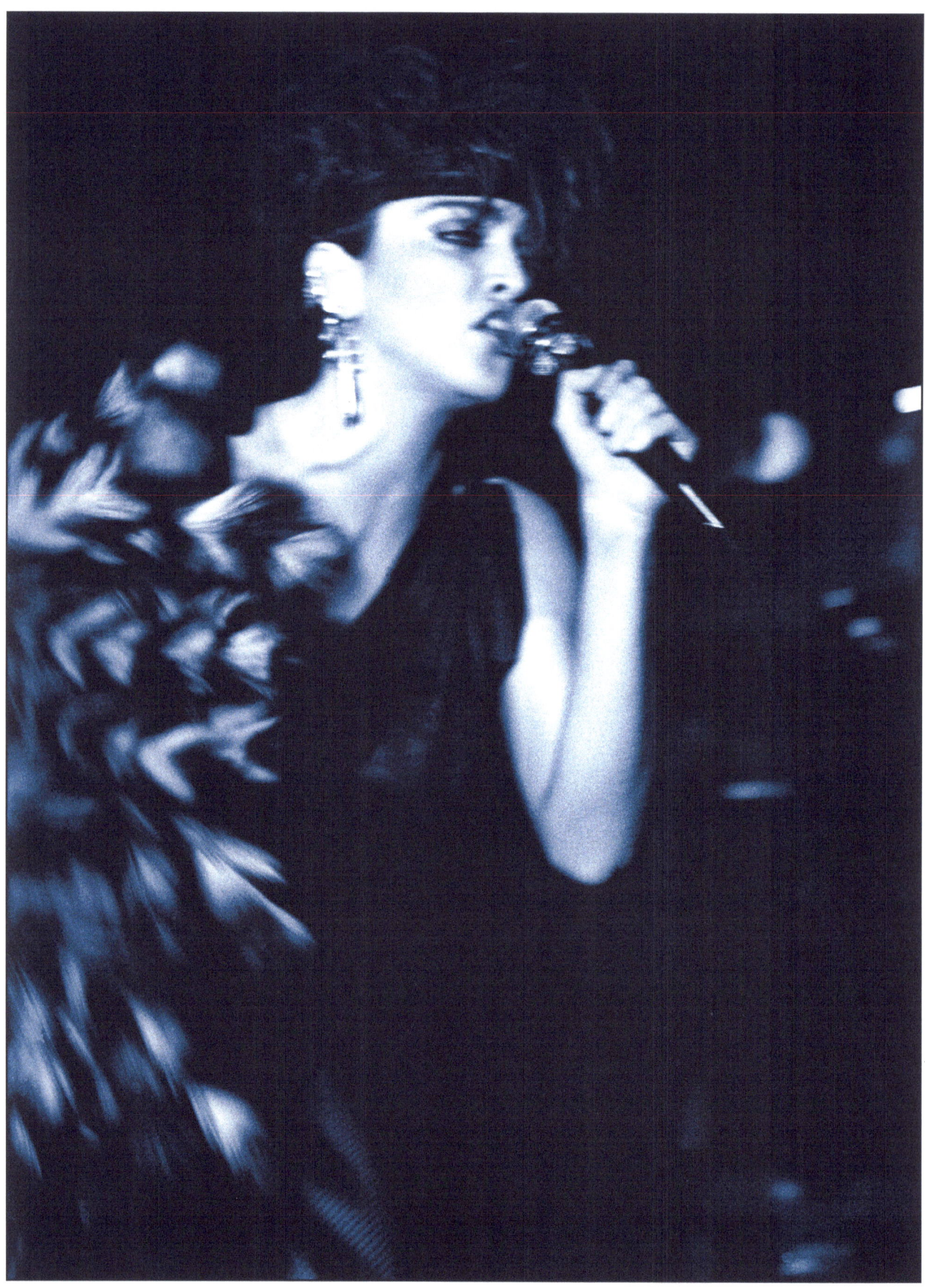

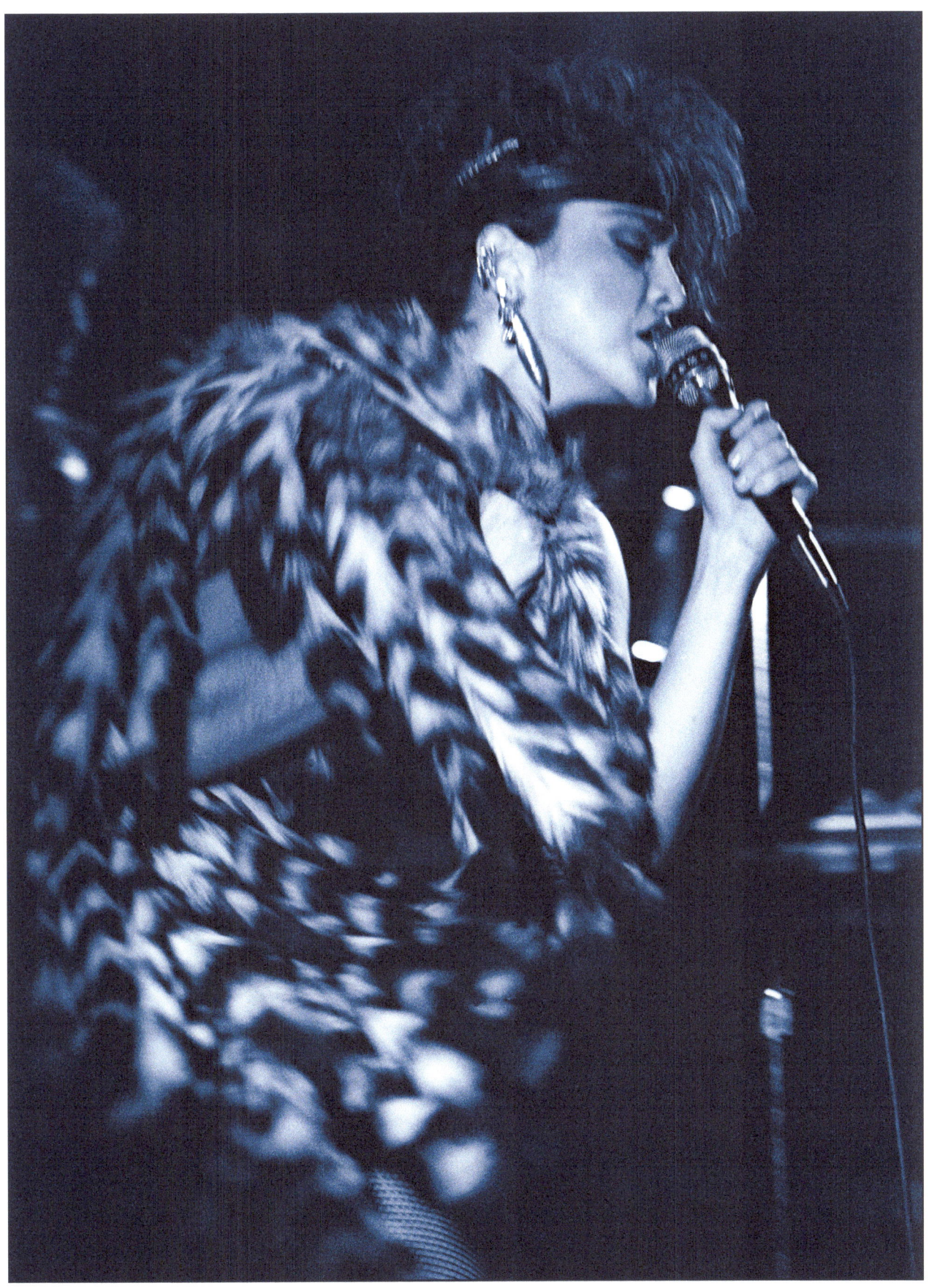

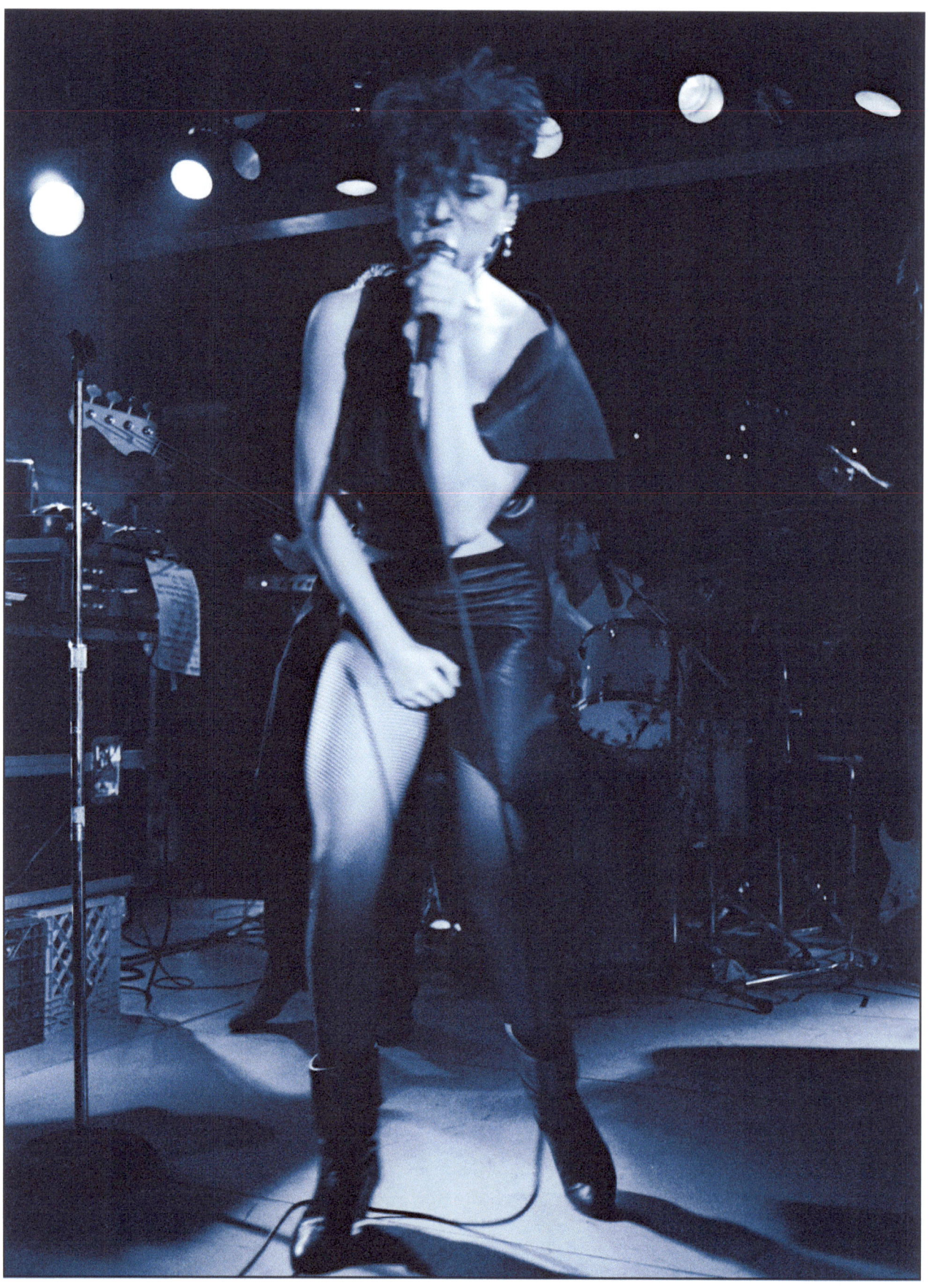

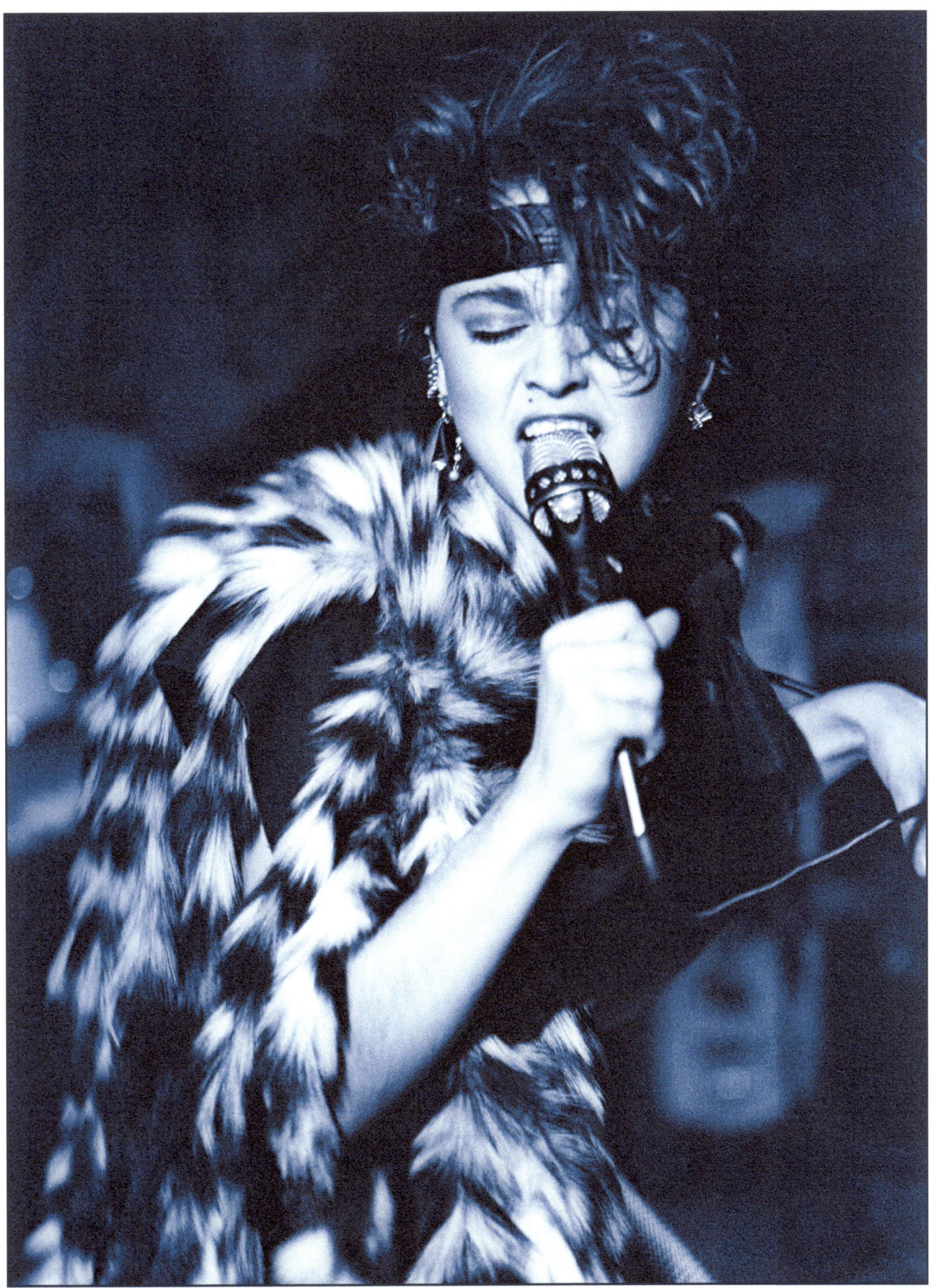

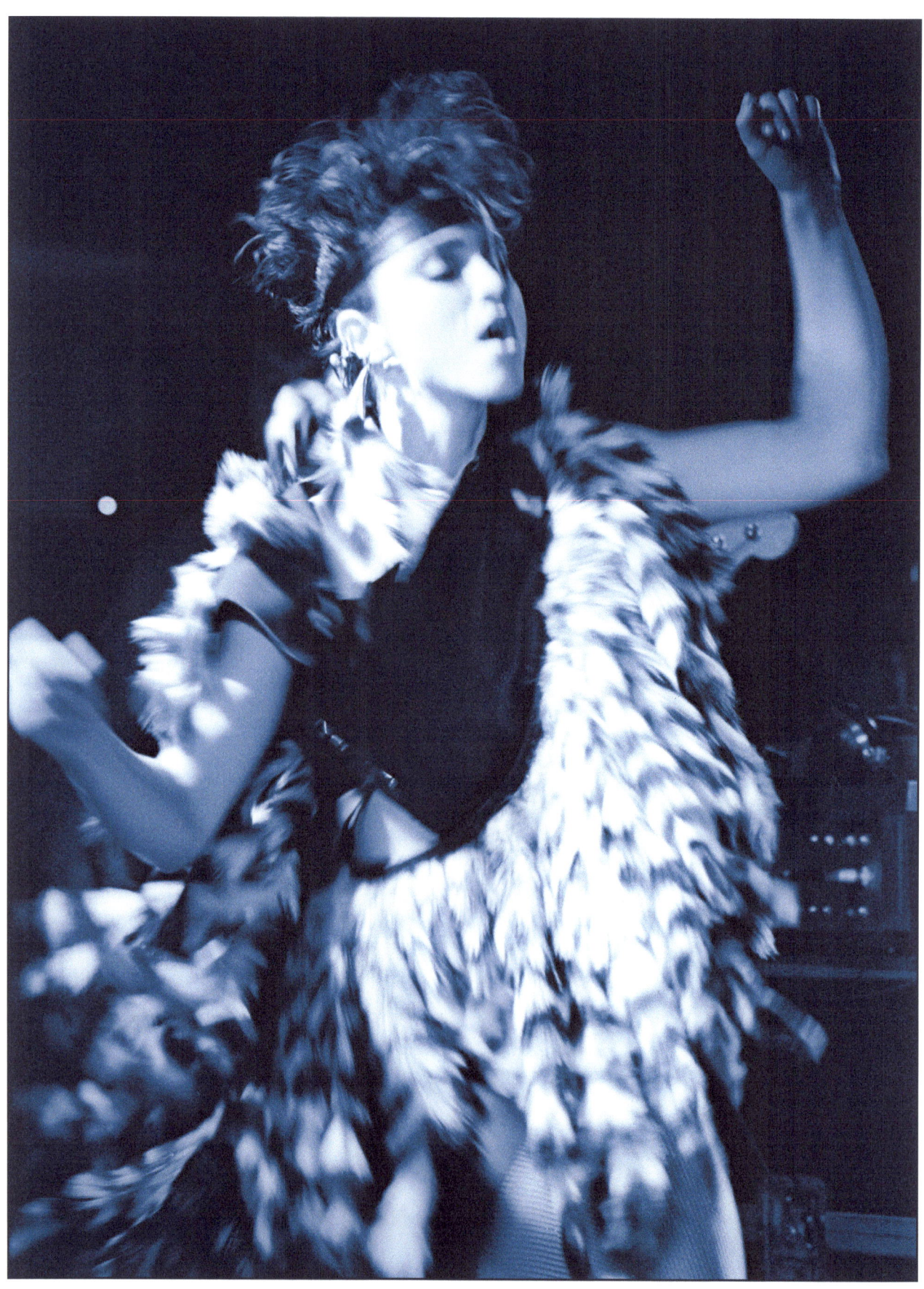

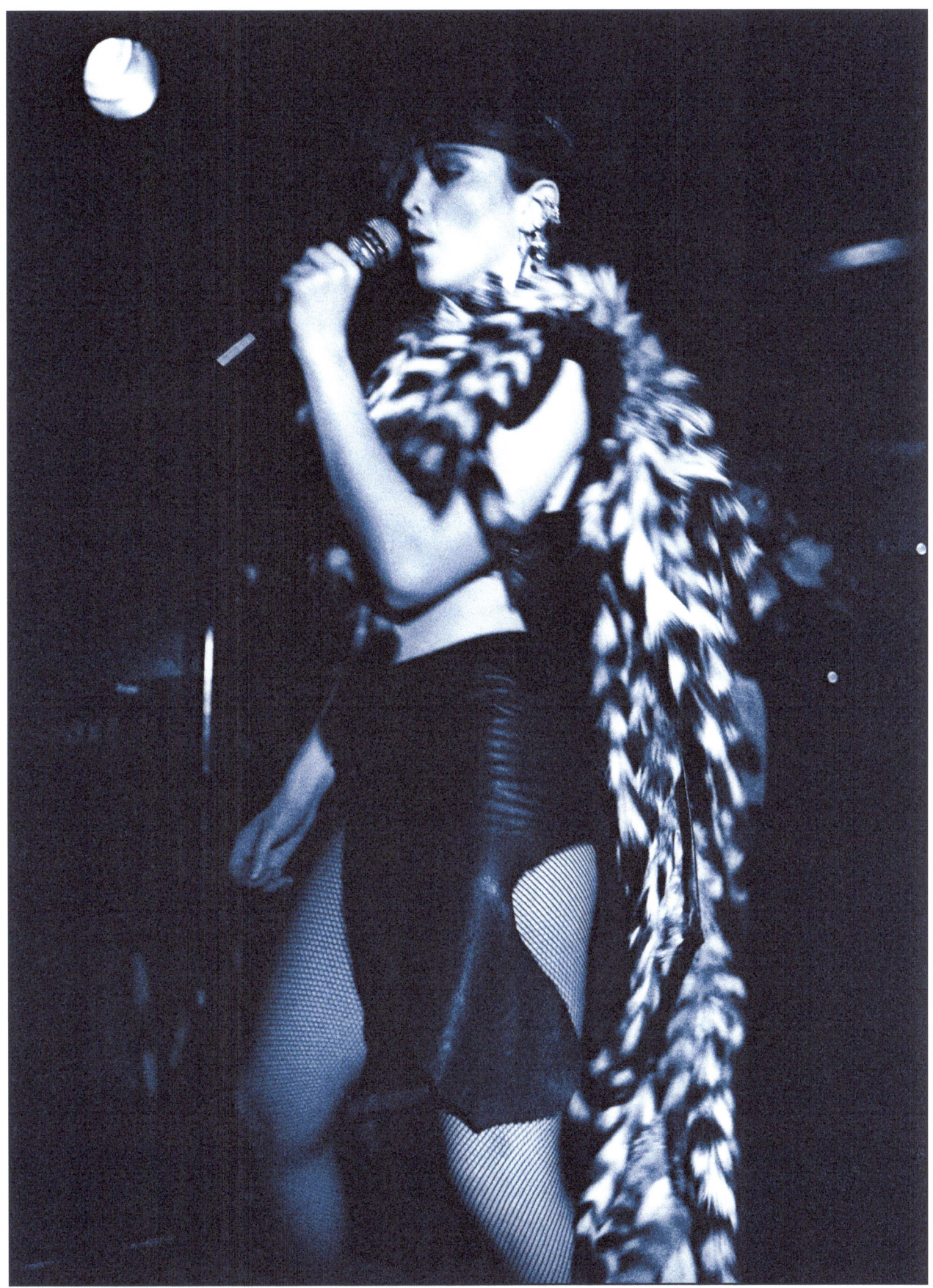

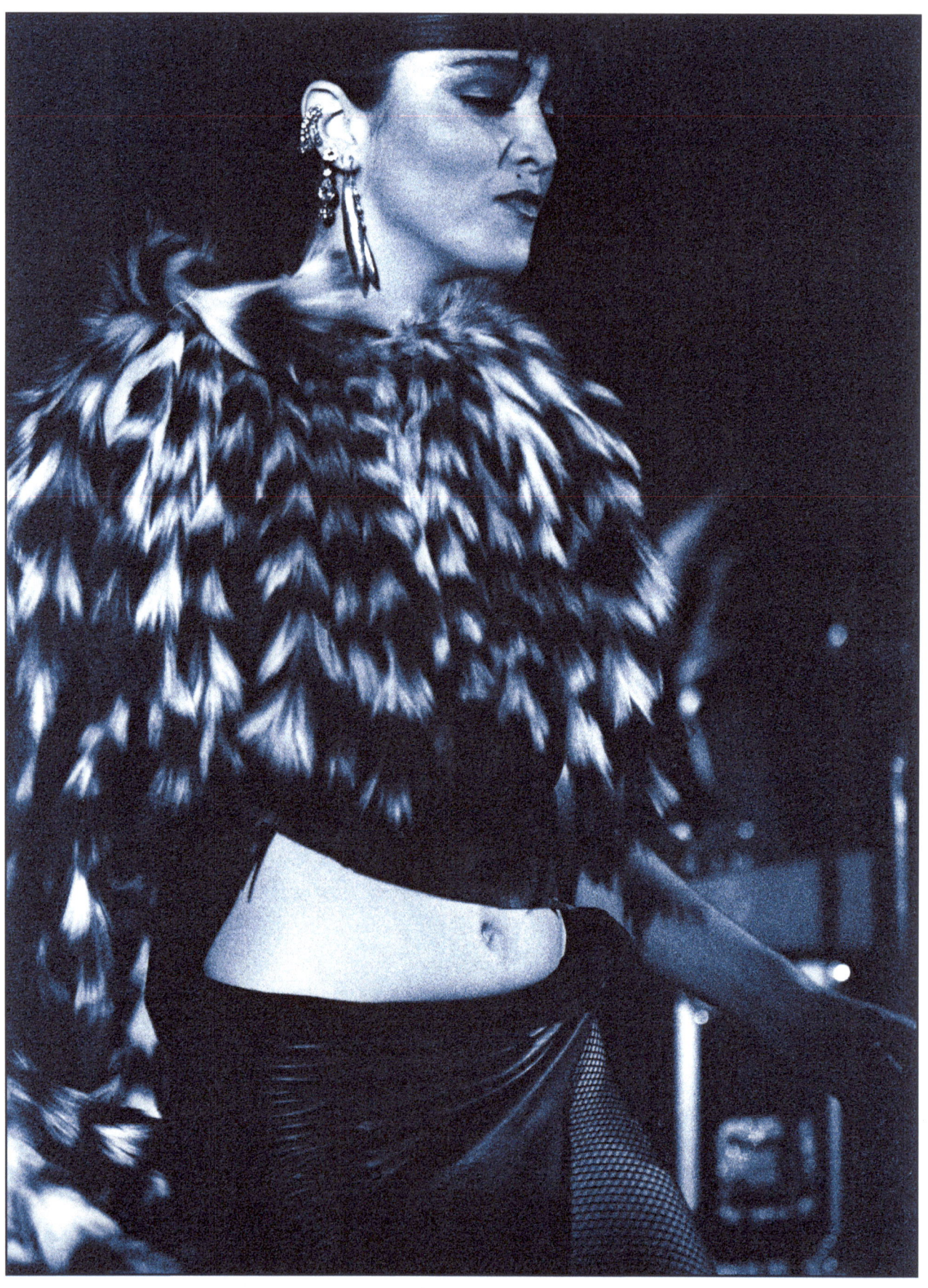

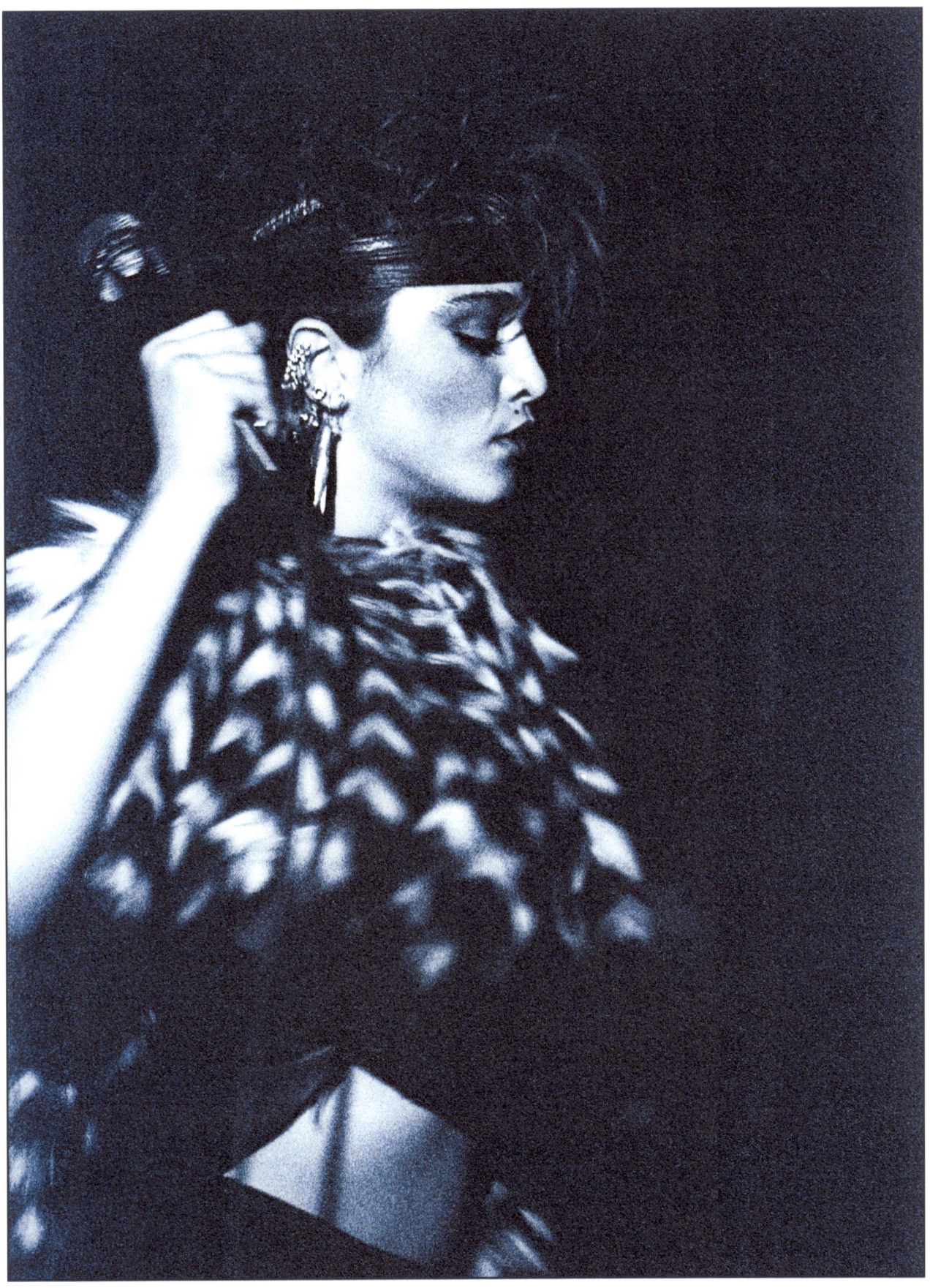

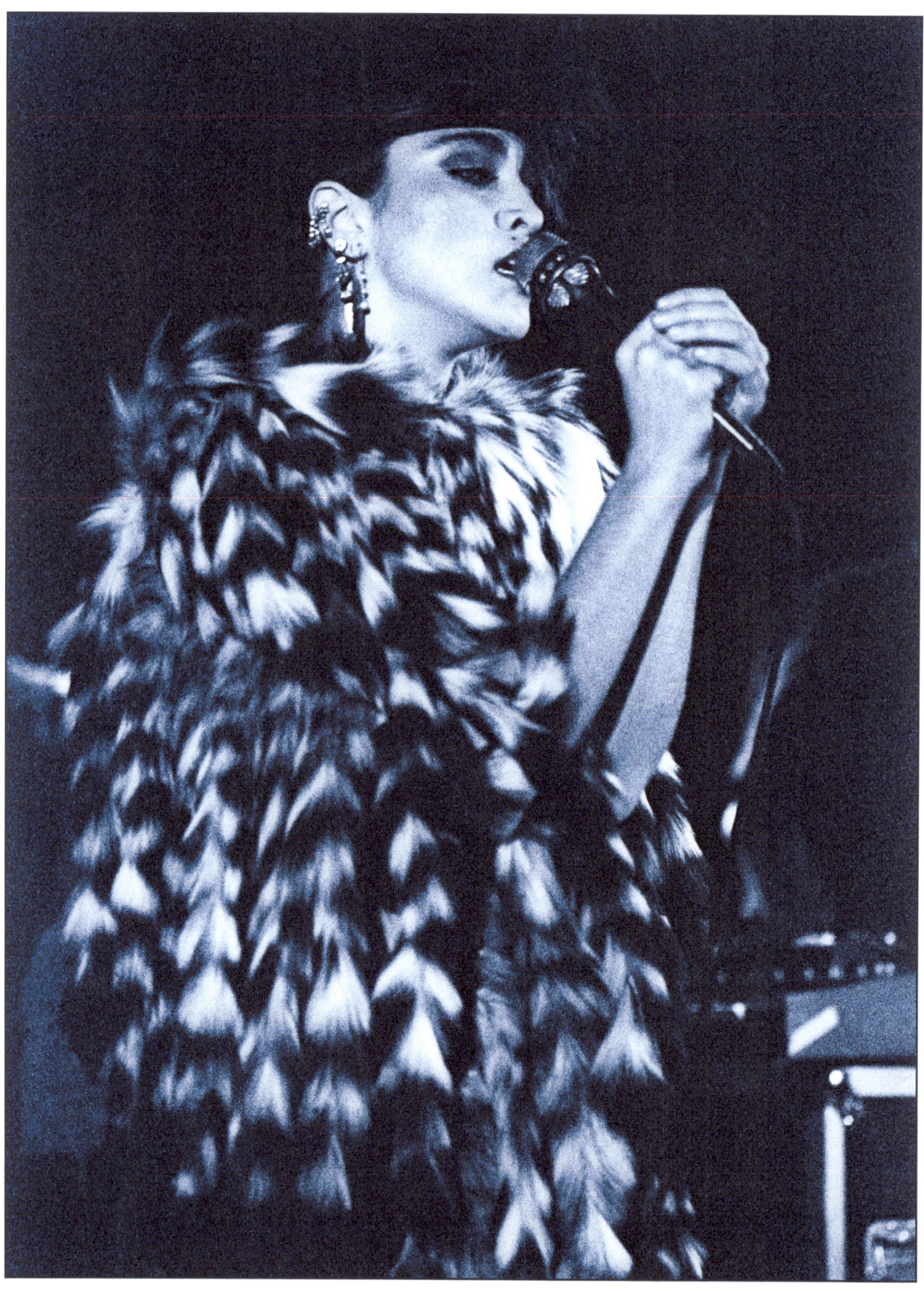

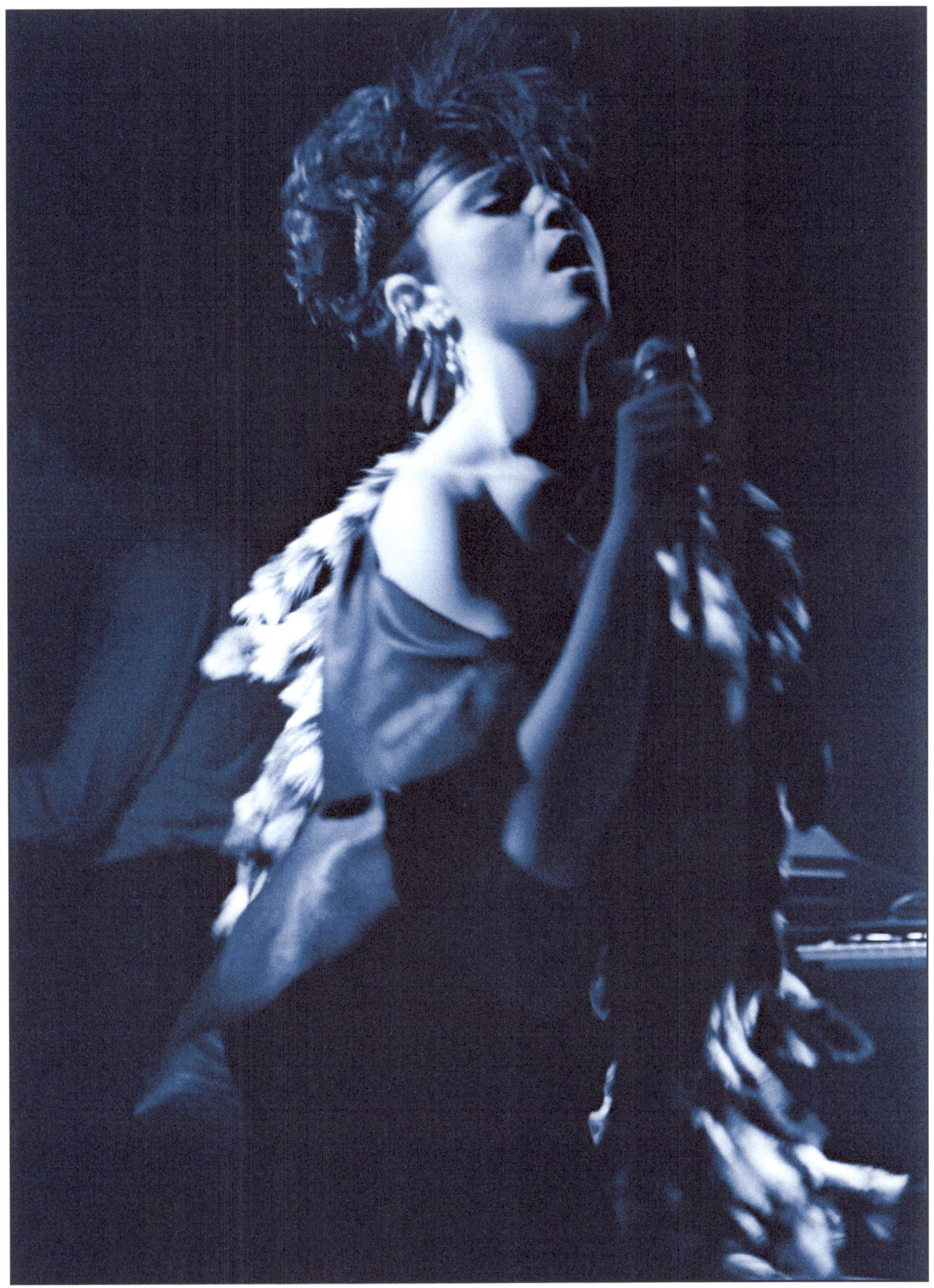

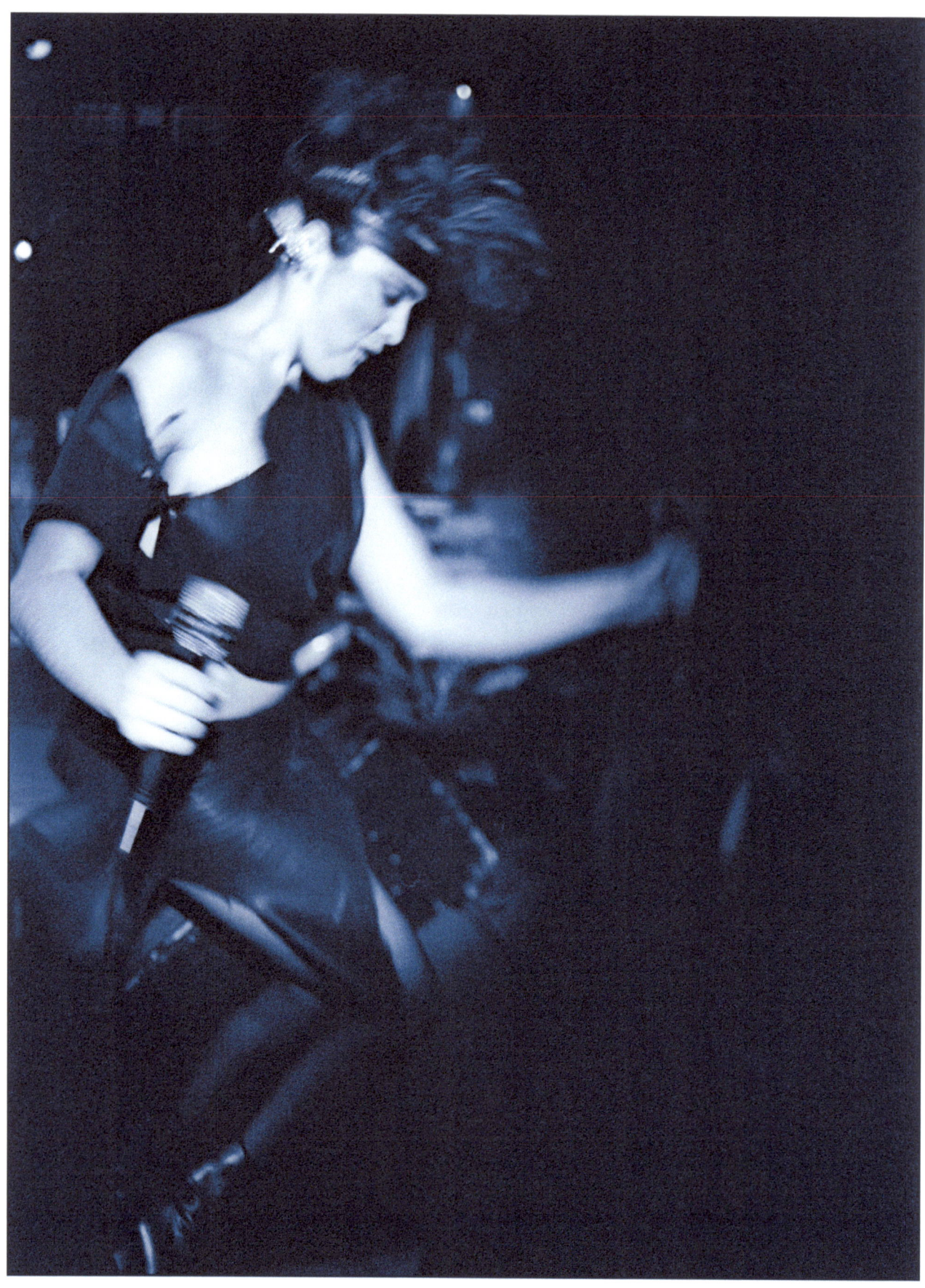

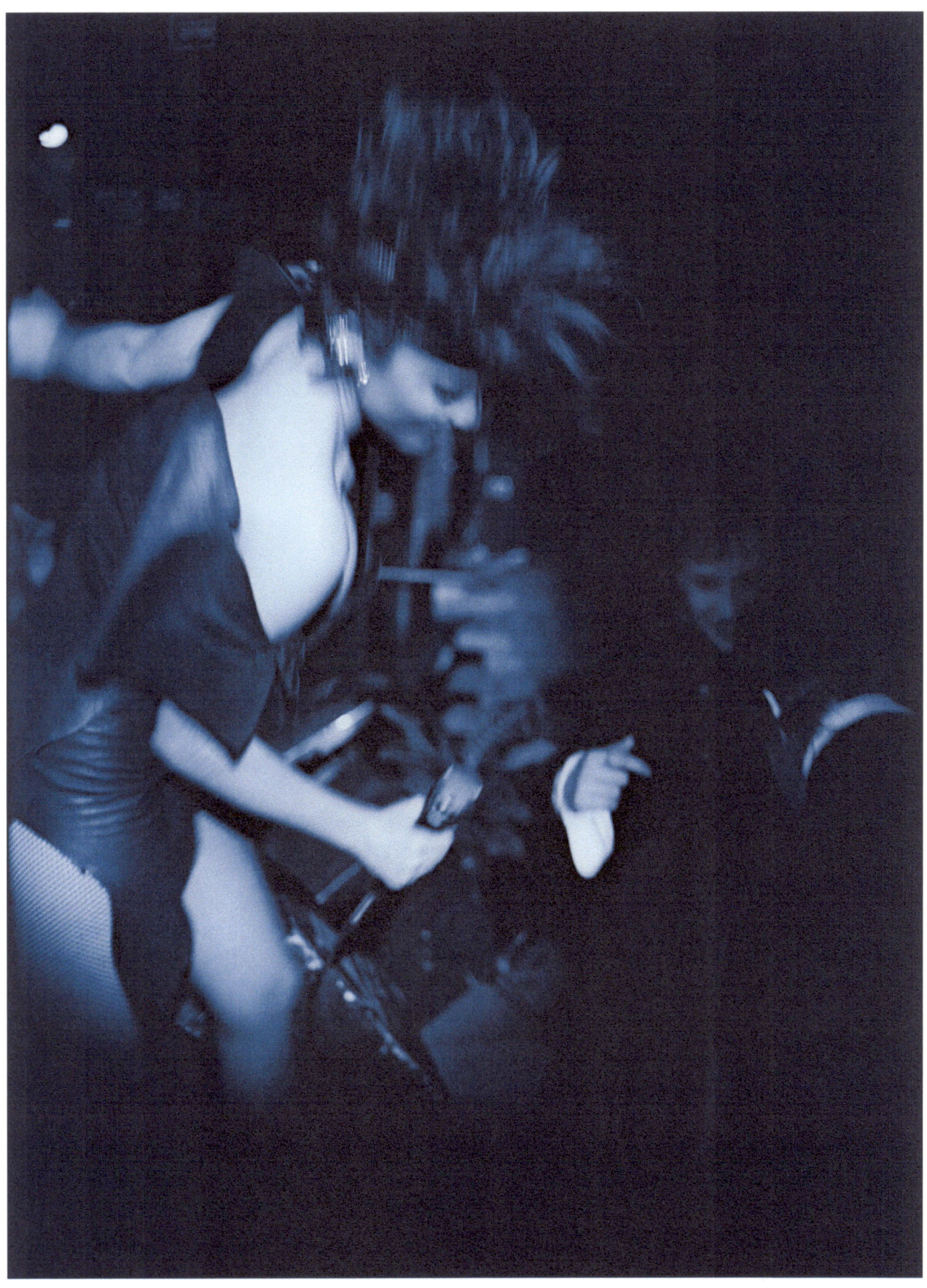

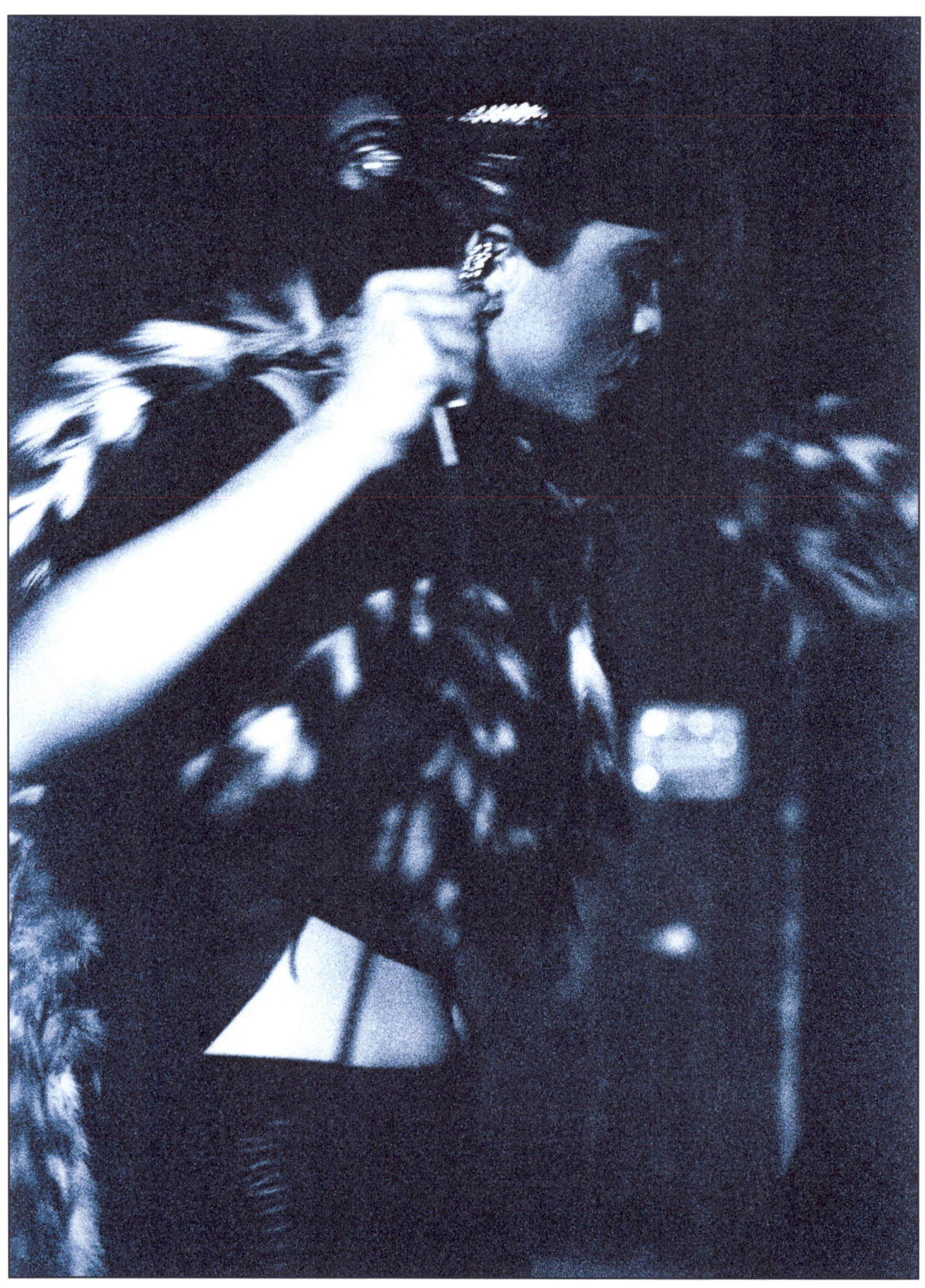

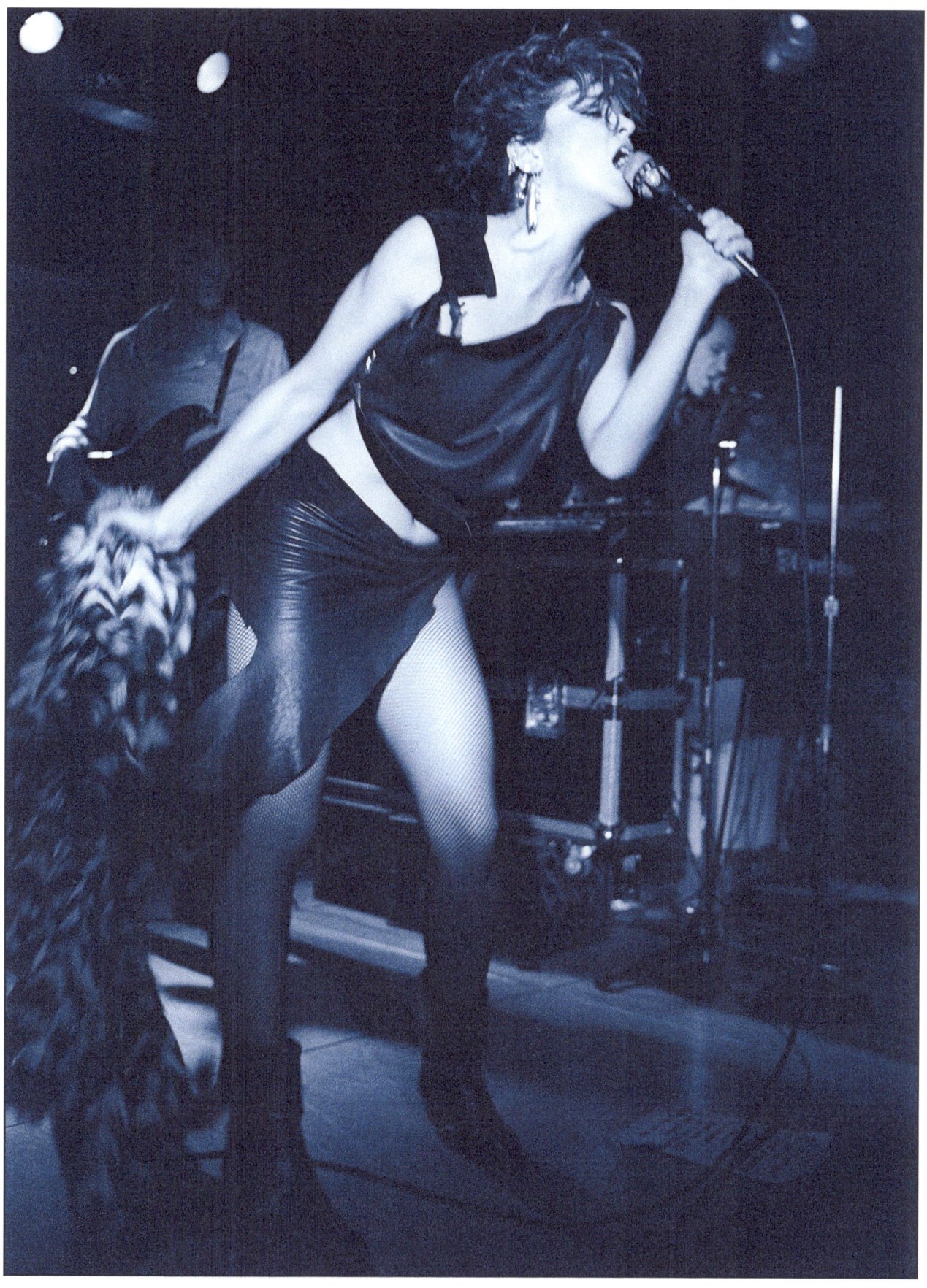

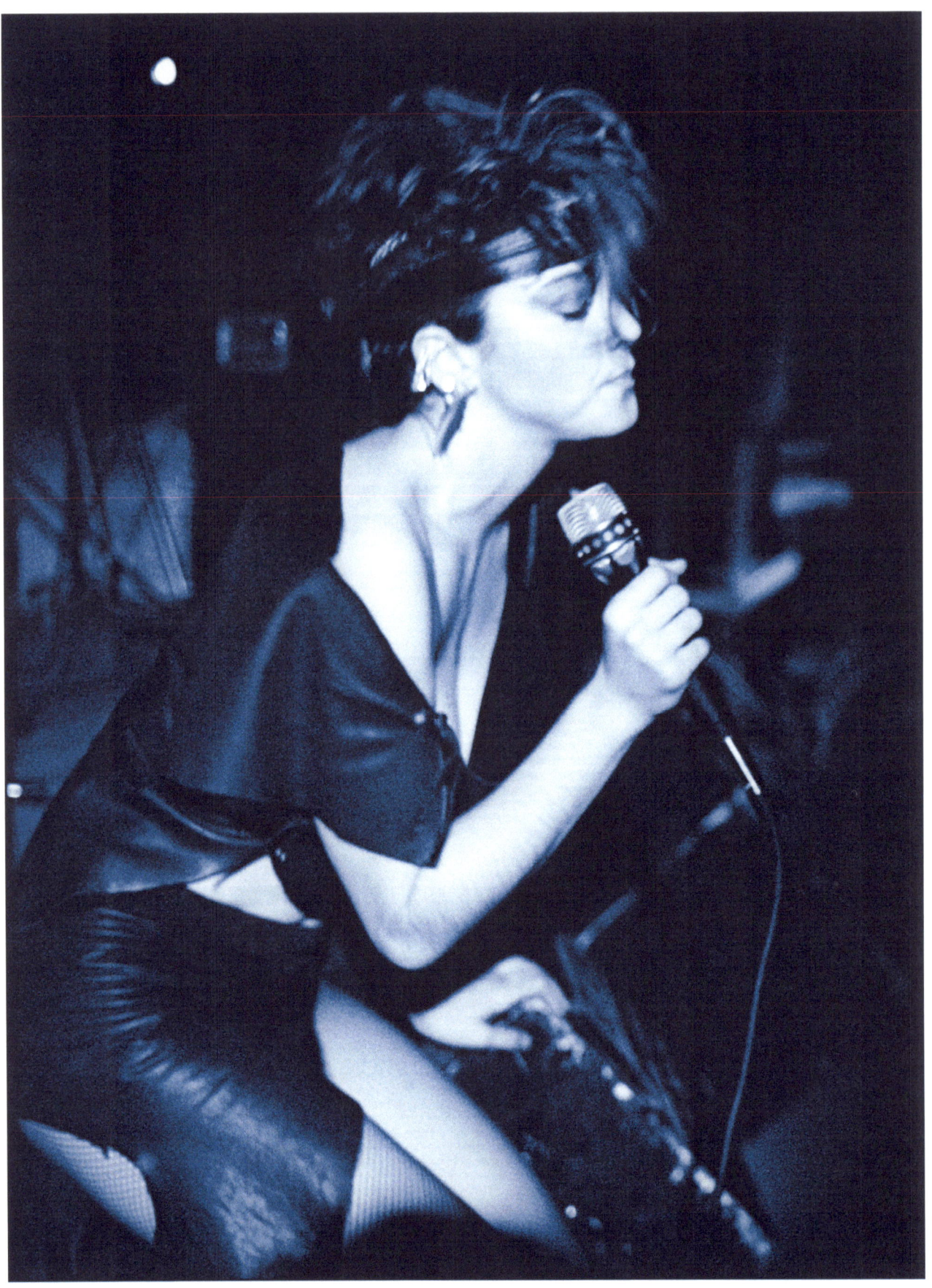

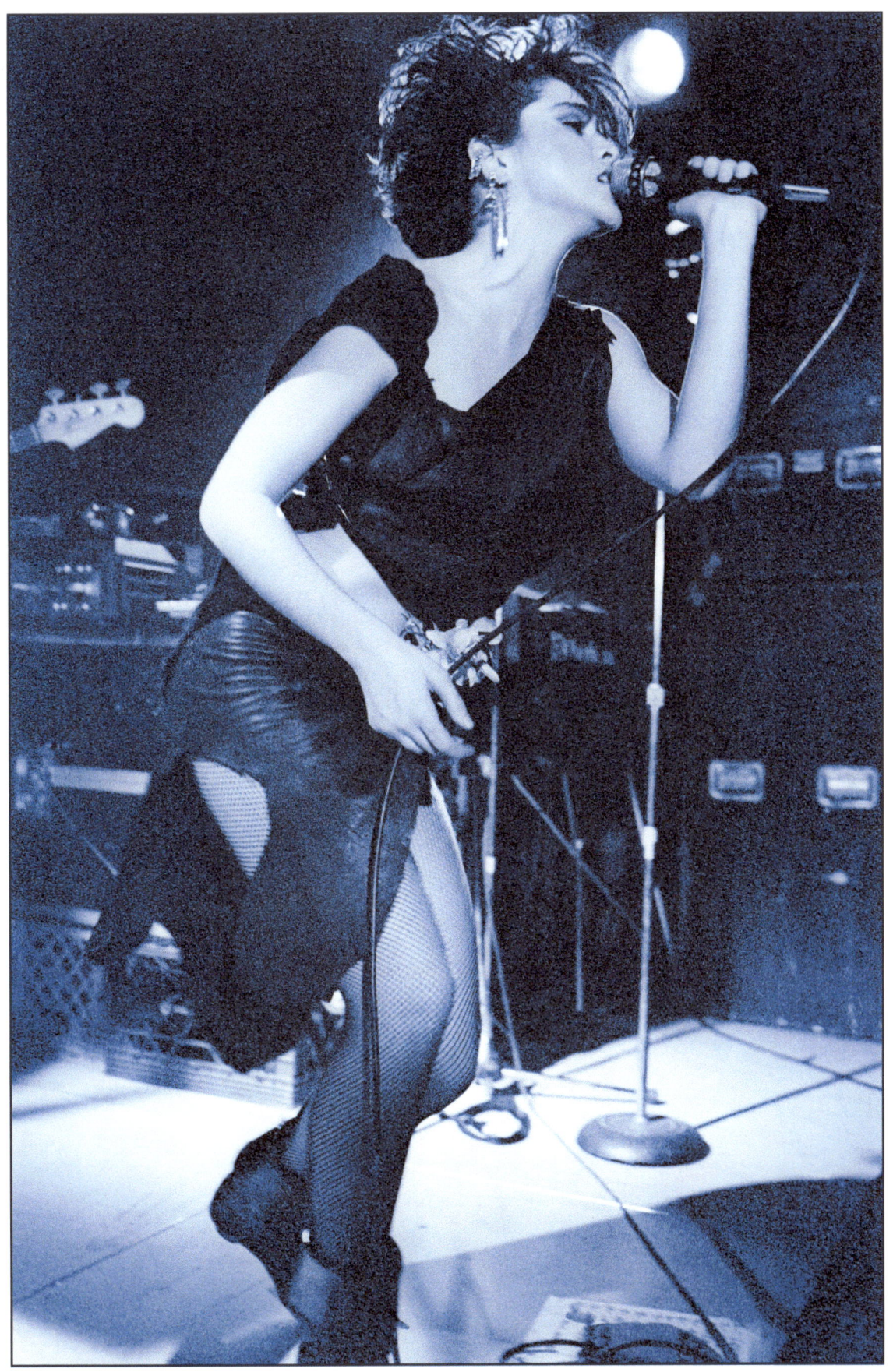

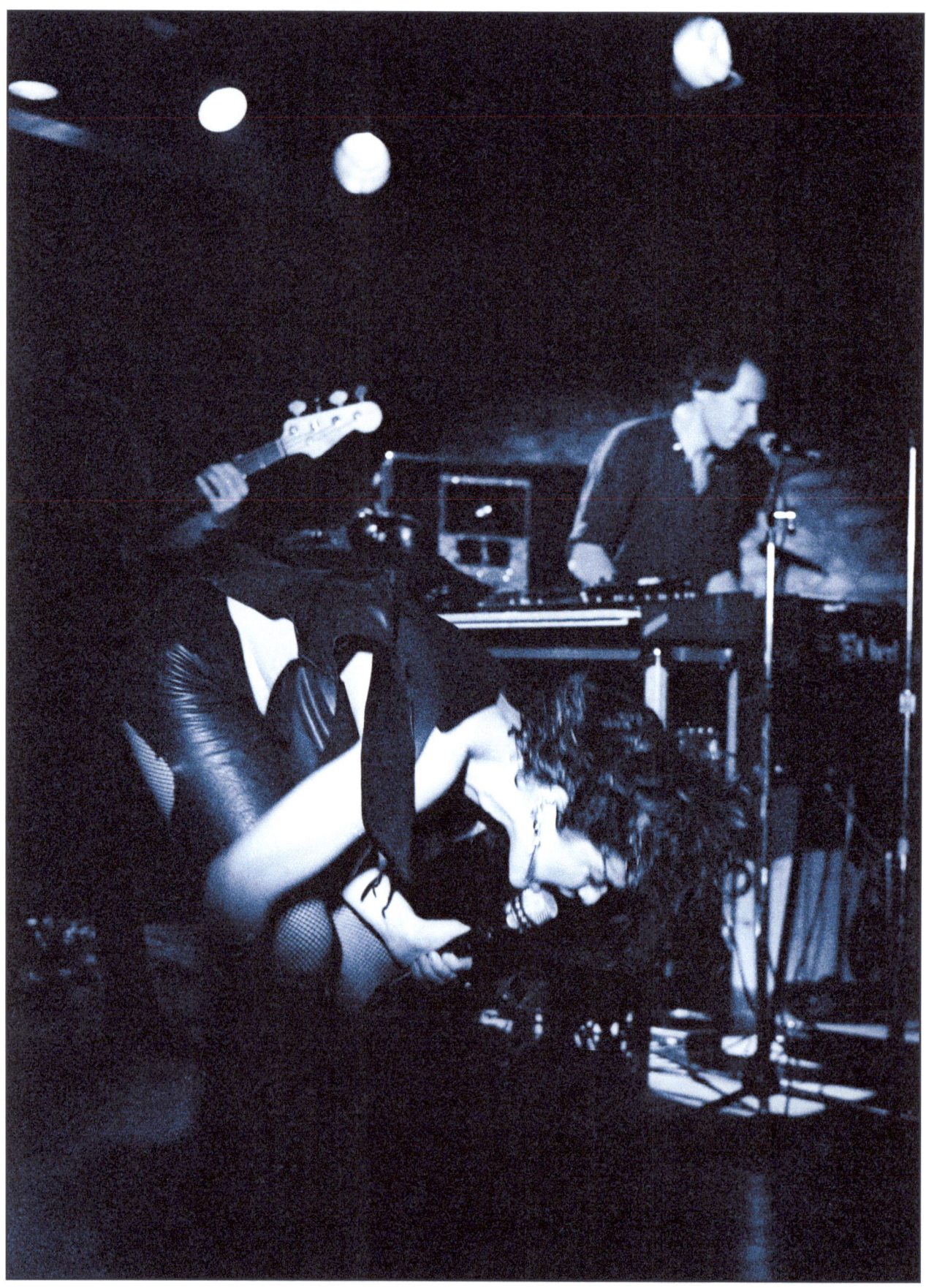

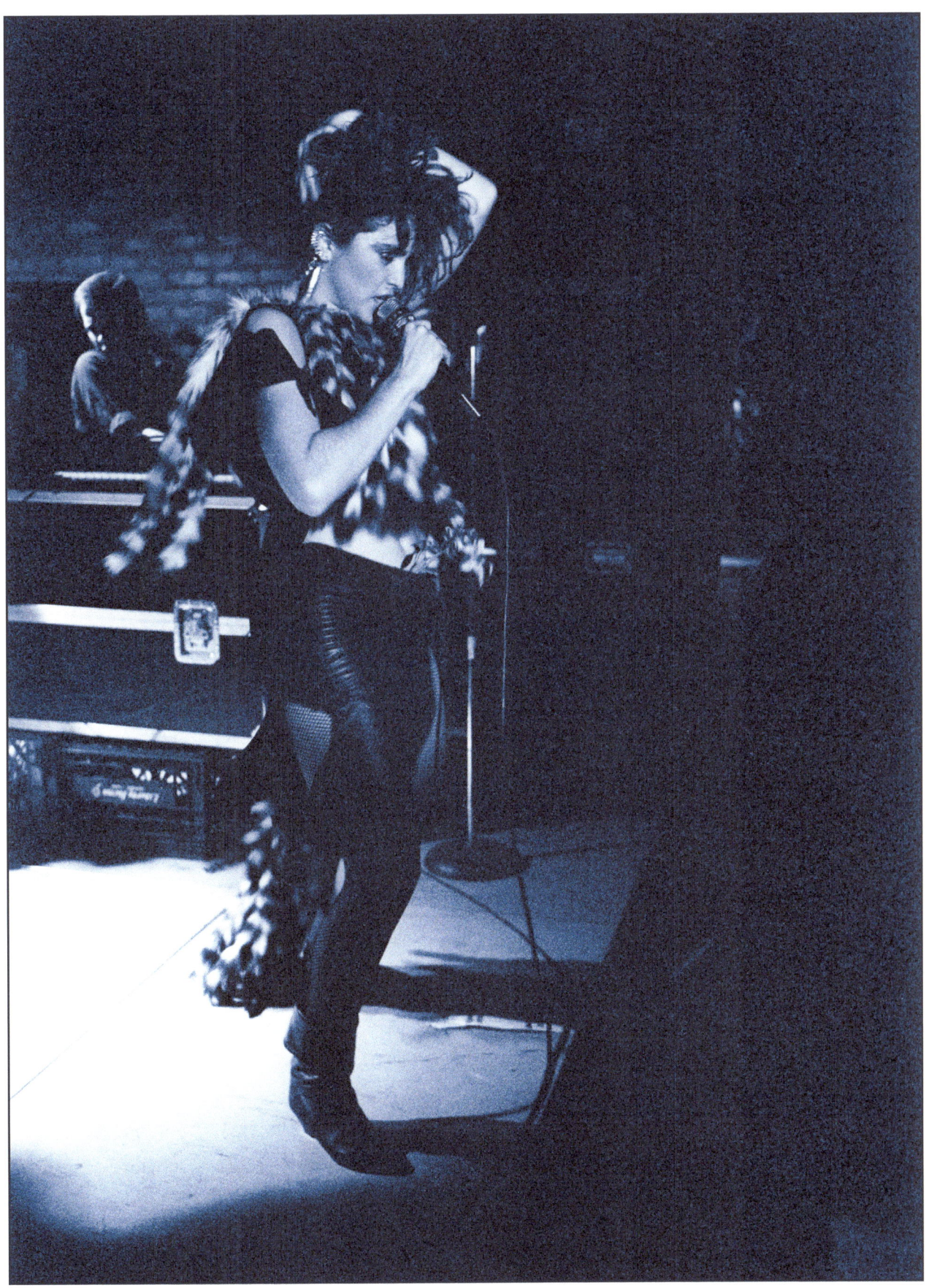

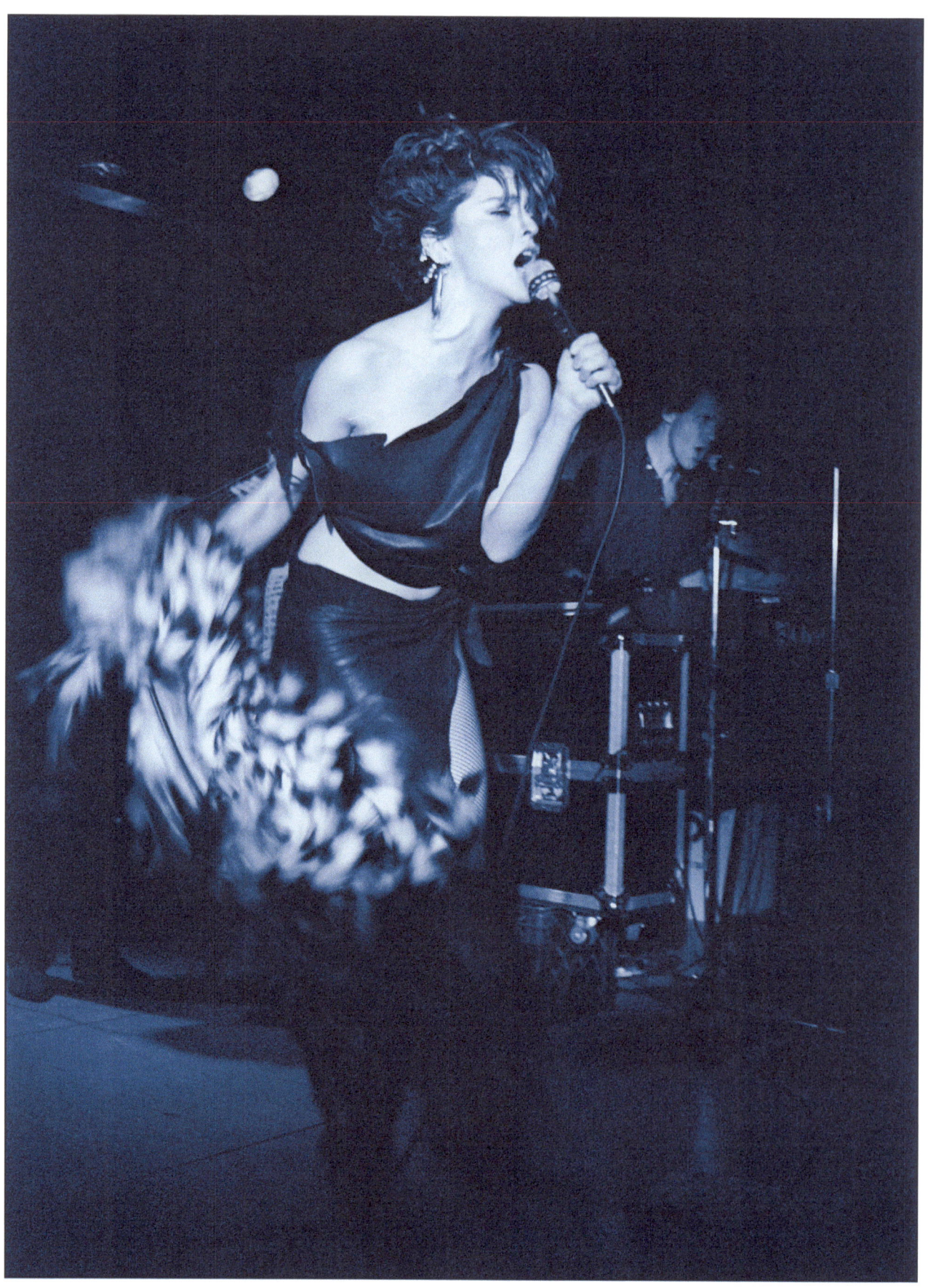

48

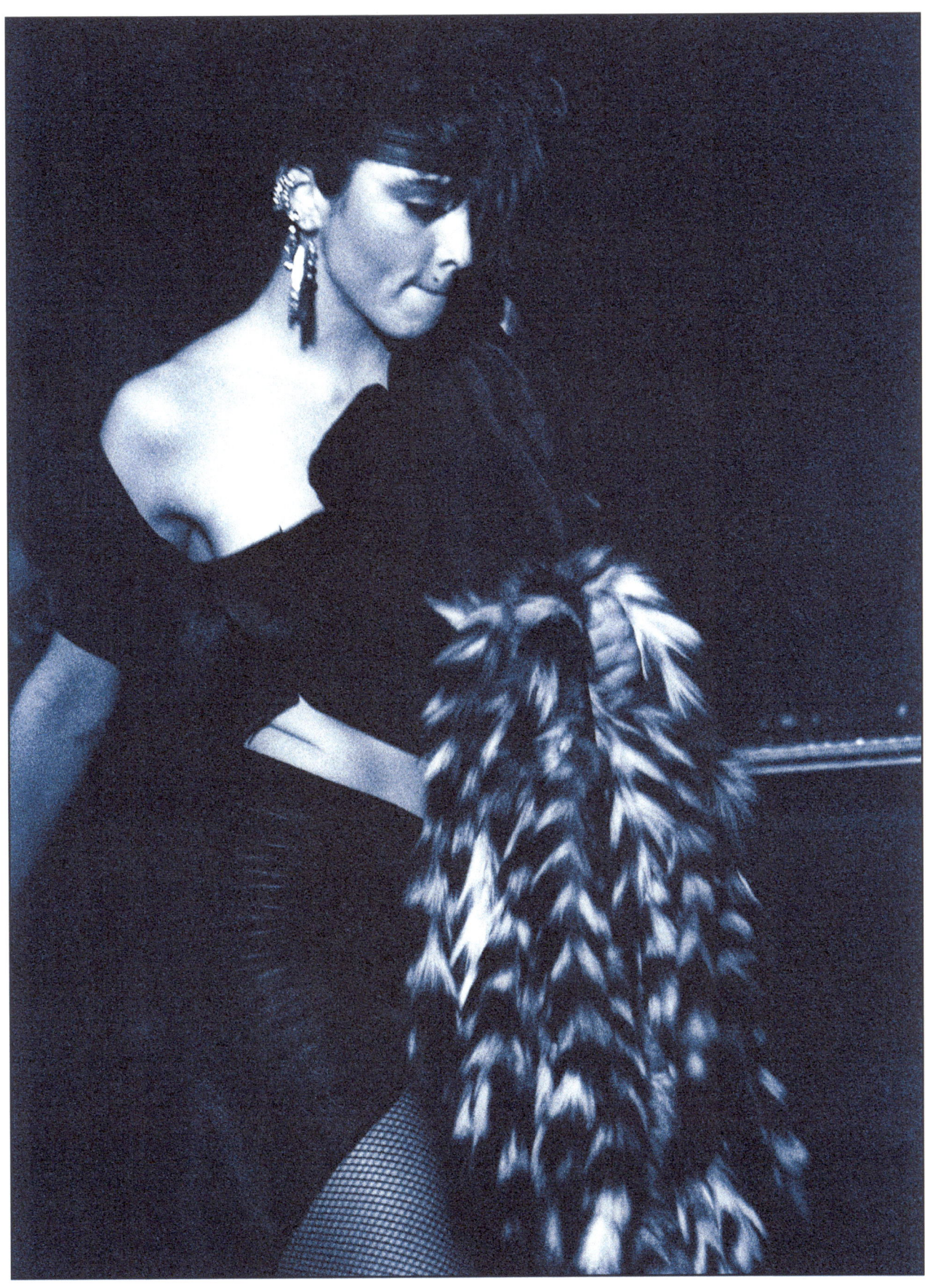

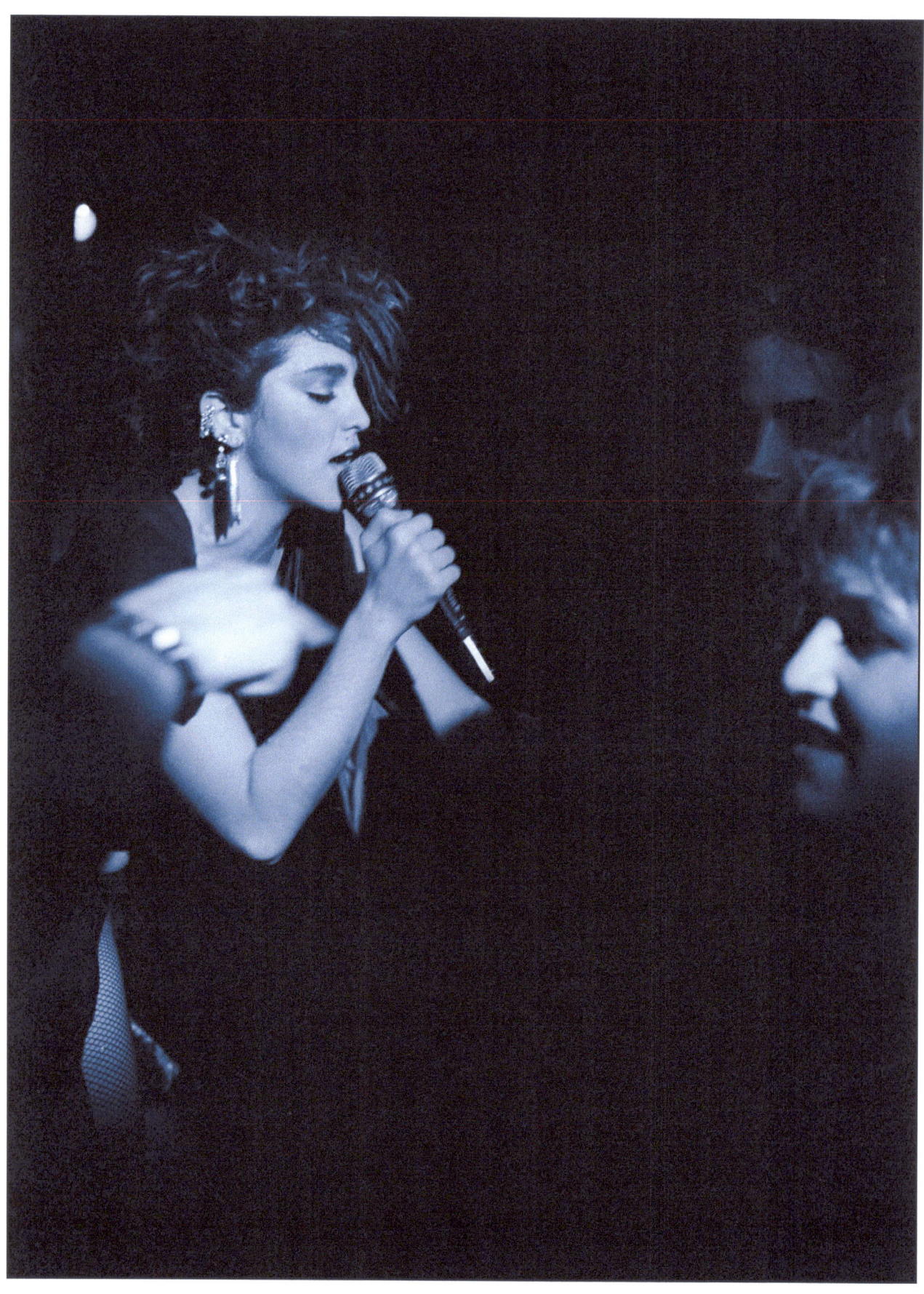

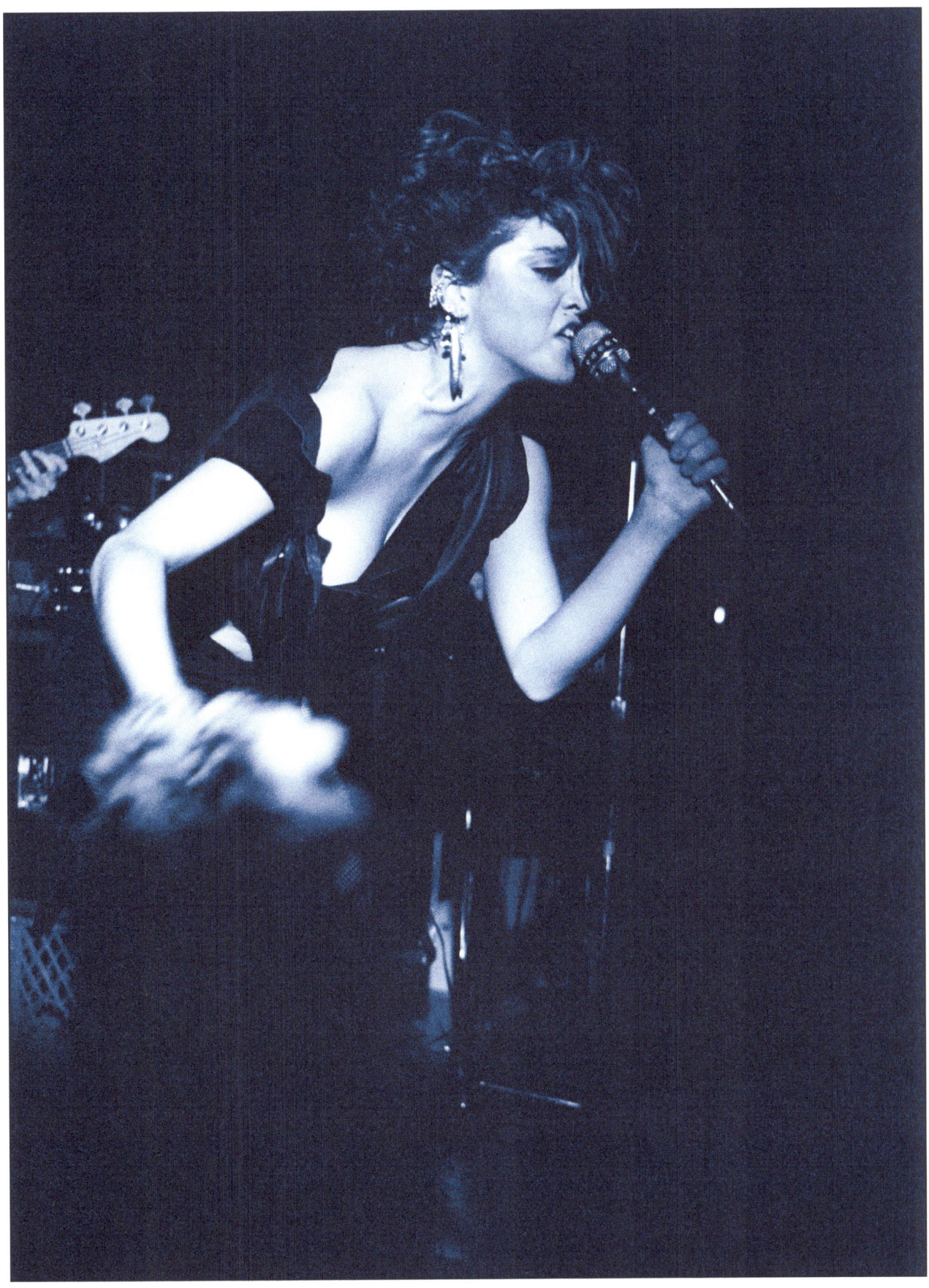

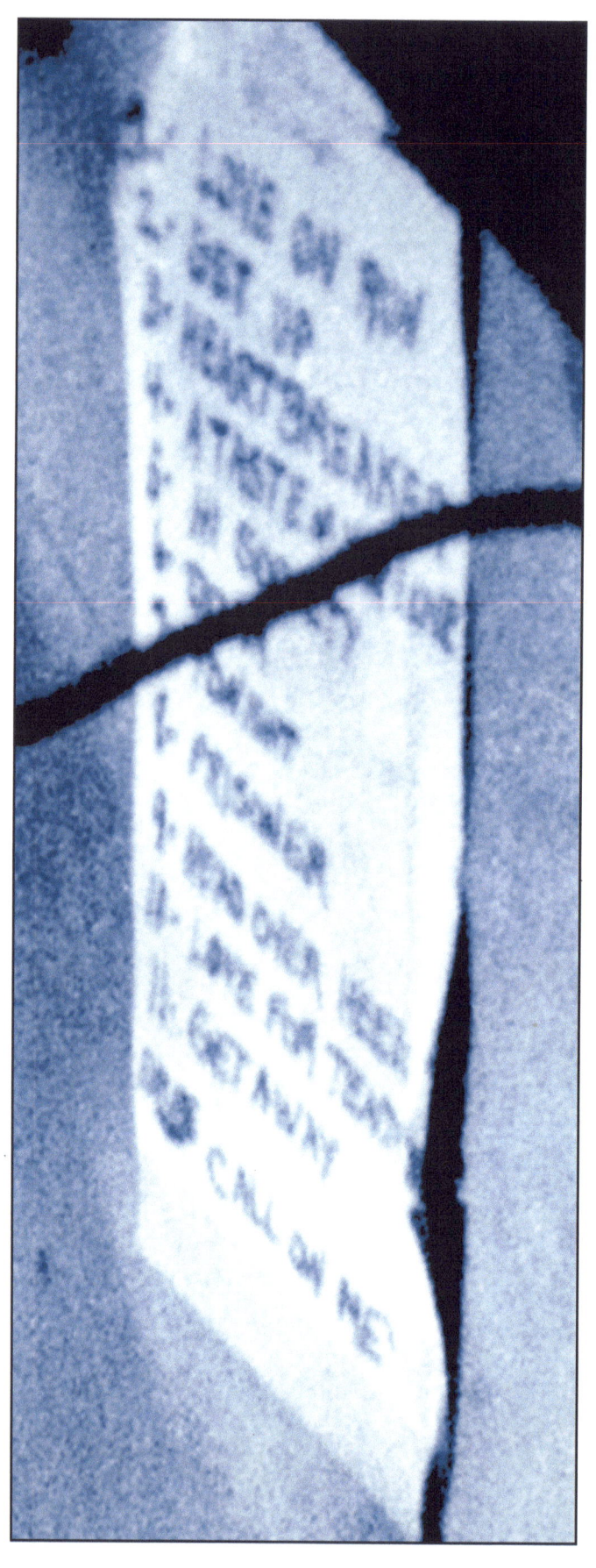

Las siguientes fotos son lo que normalmente no mostraría a nadie.

Al servicio de la libertad de información y para responder a la pregunta "
¿Hay más fotos?

Estoy incluyendo cada una de las fotos que tome en esa noche memorable, con 'arrugas' y todo ...

Mis arrugas, no las de Madonna.

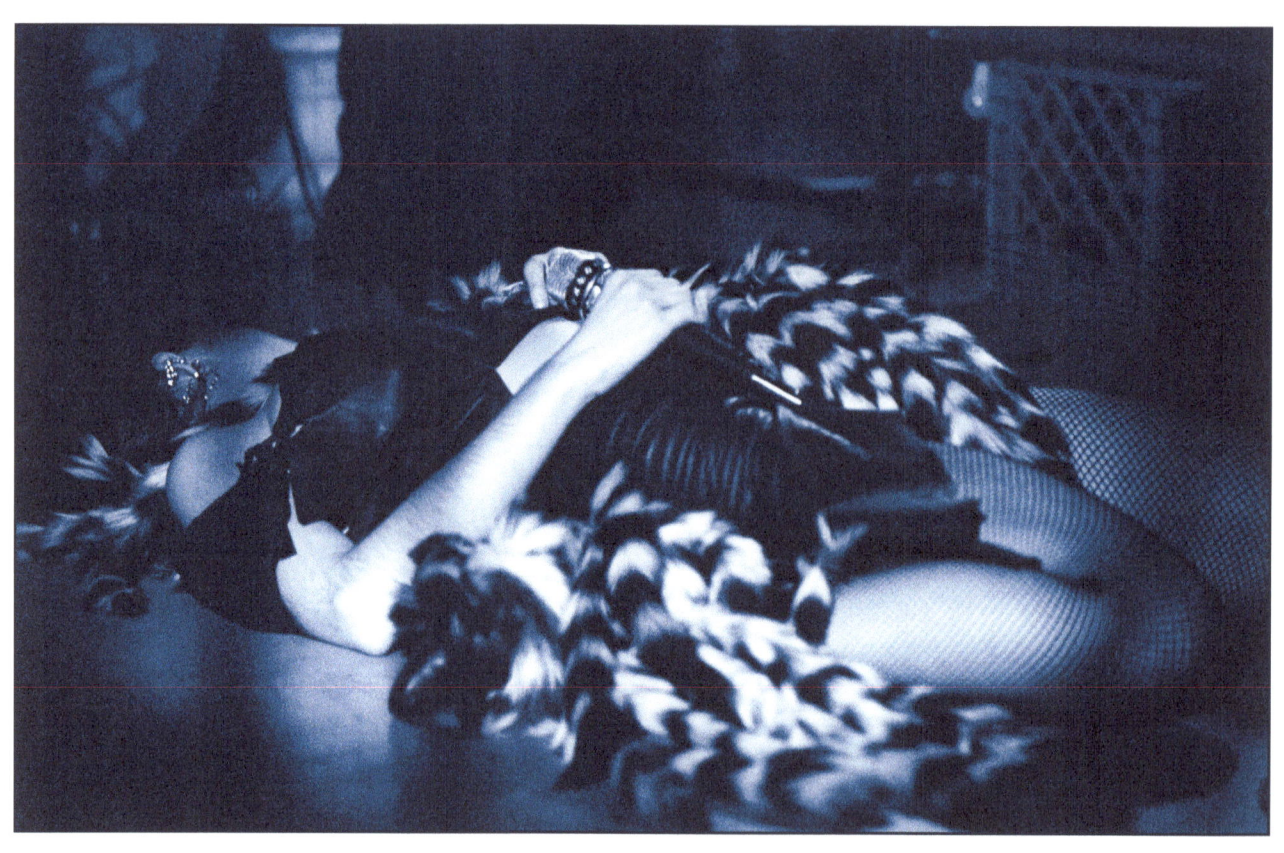

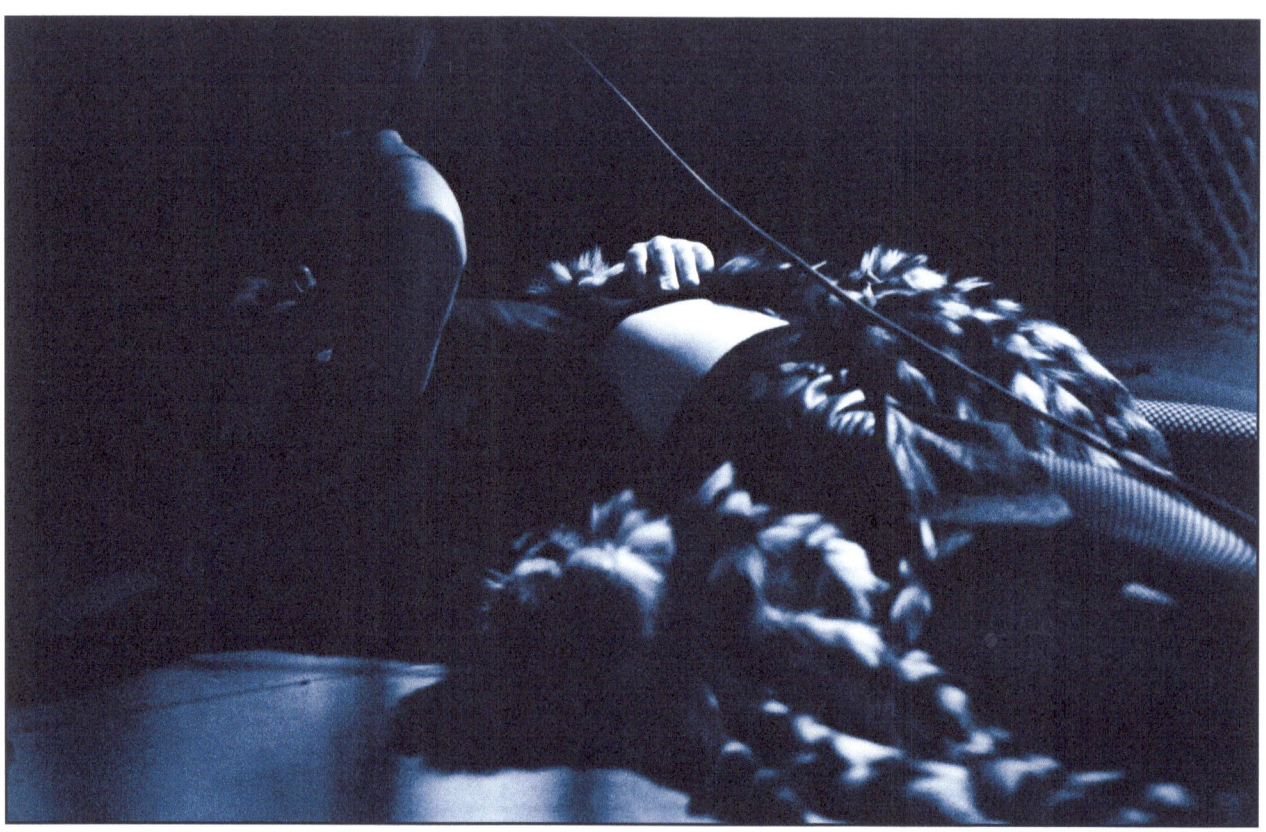

54

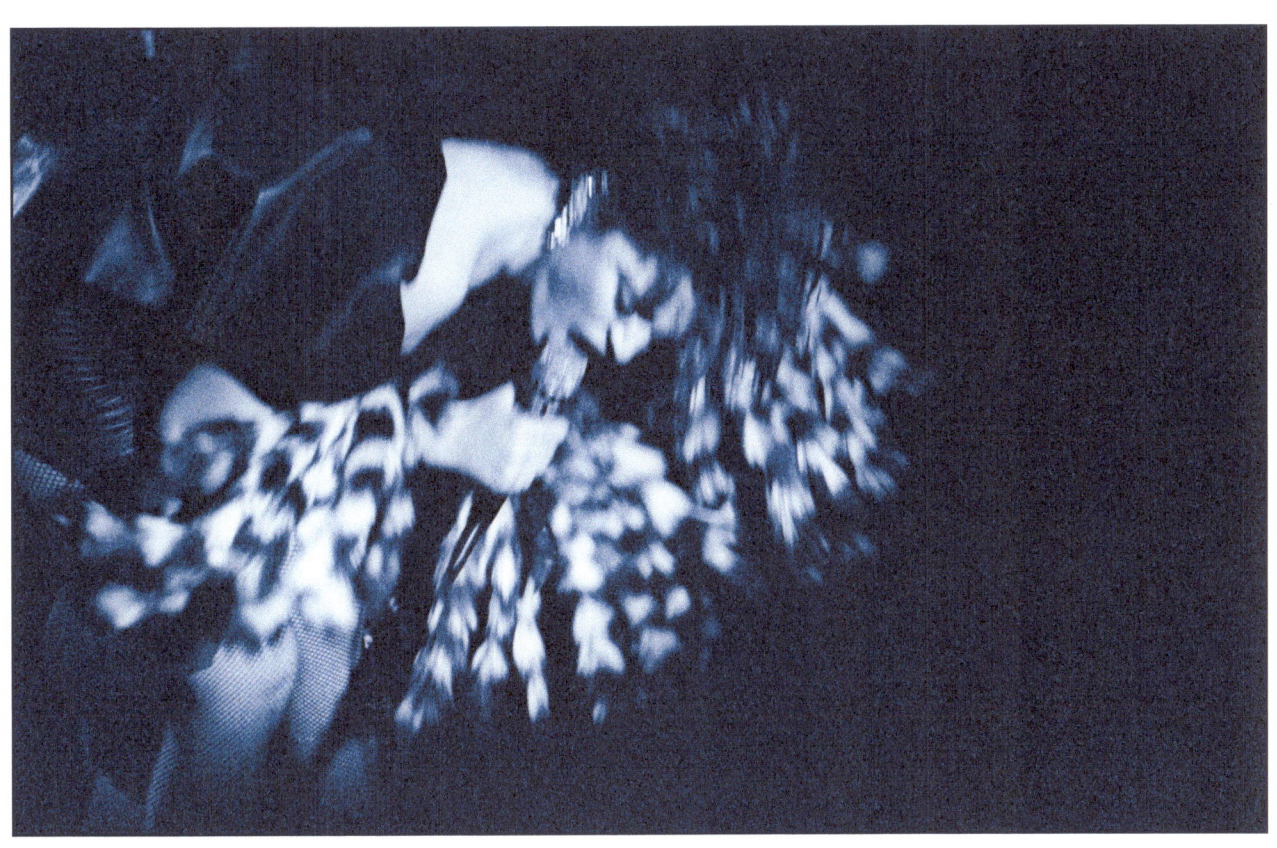

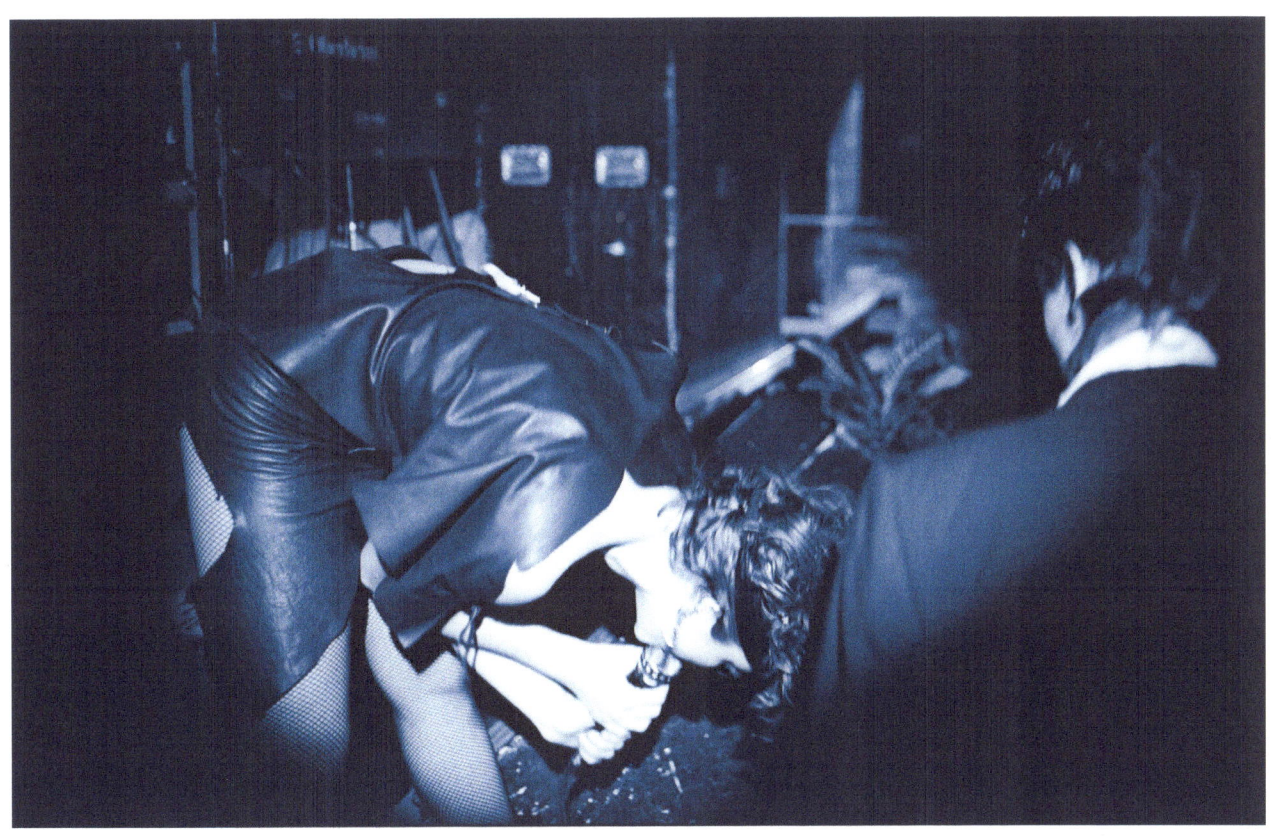

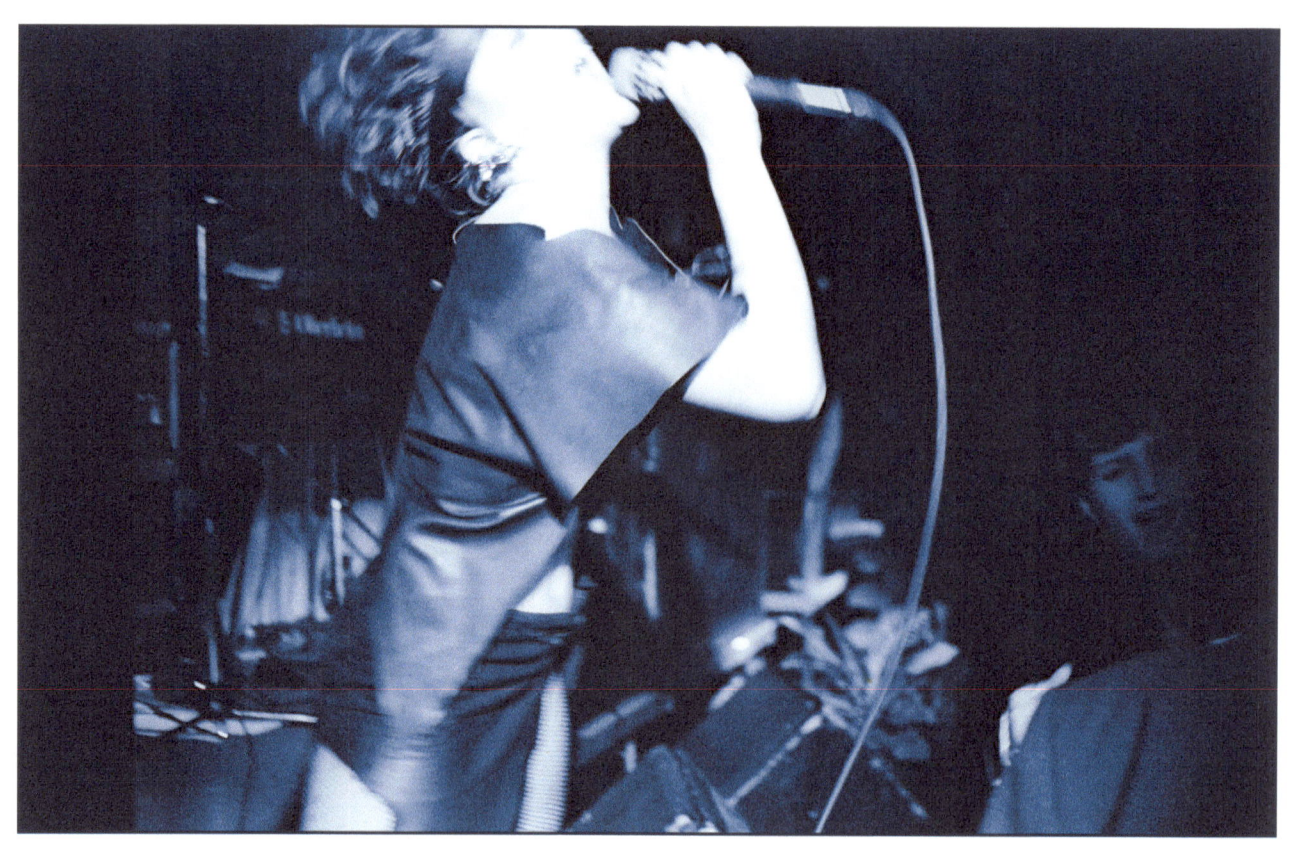

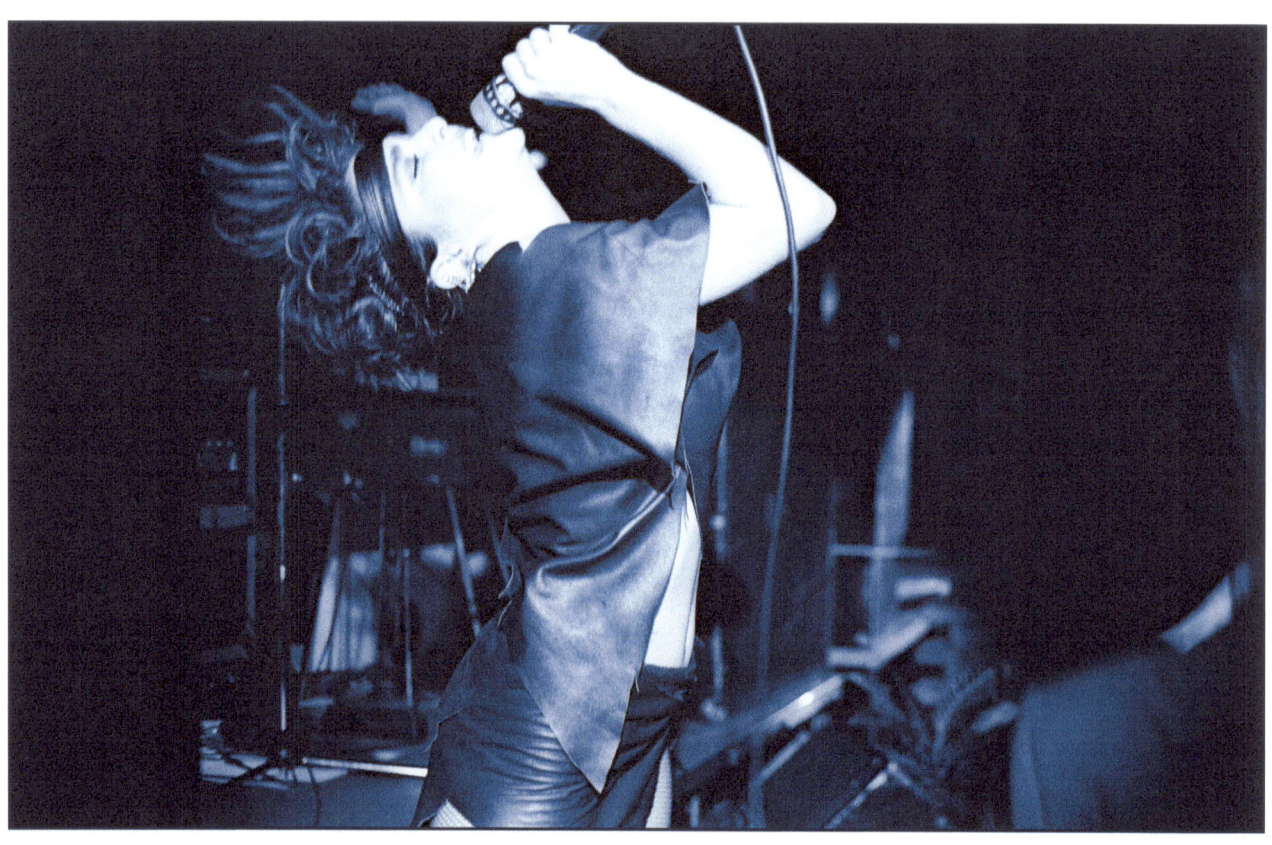

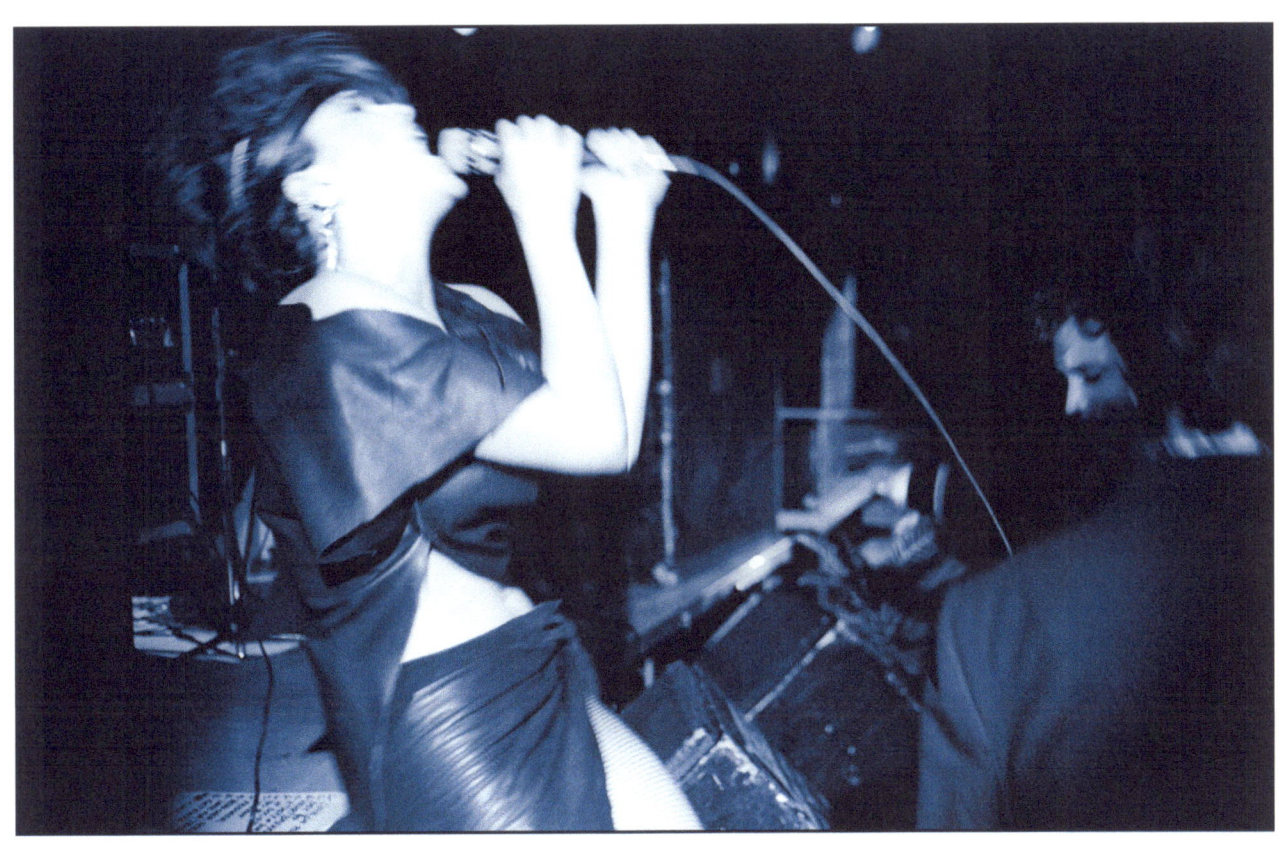

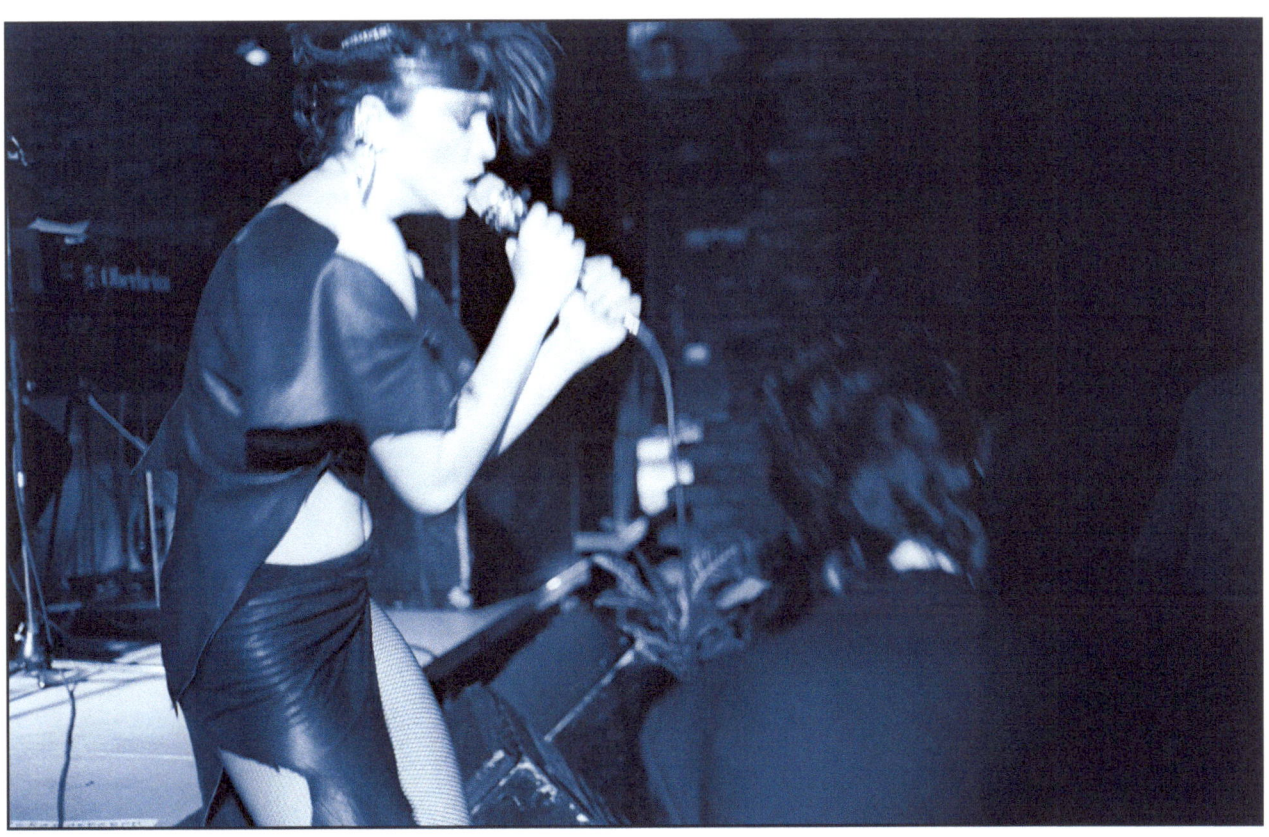

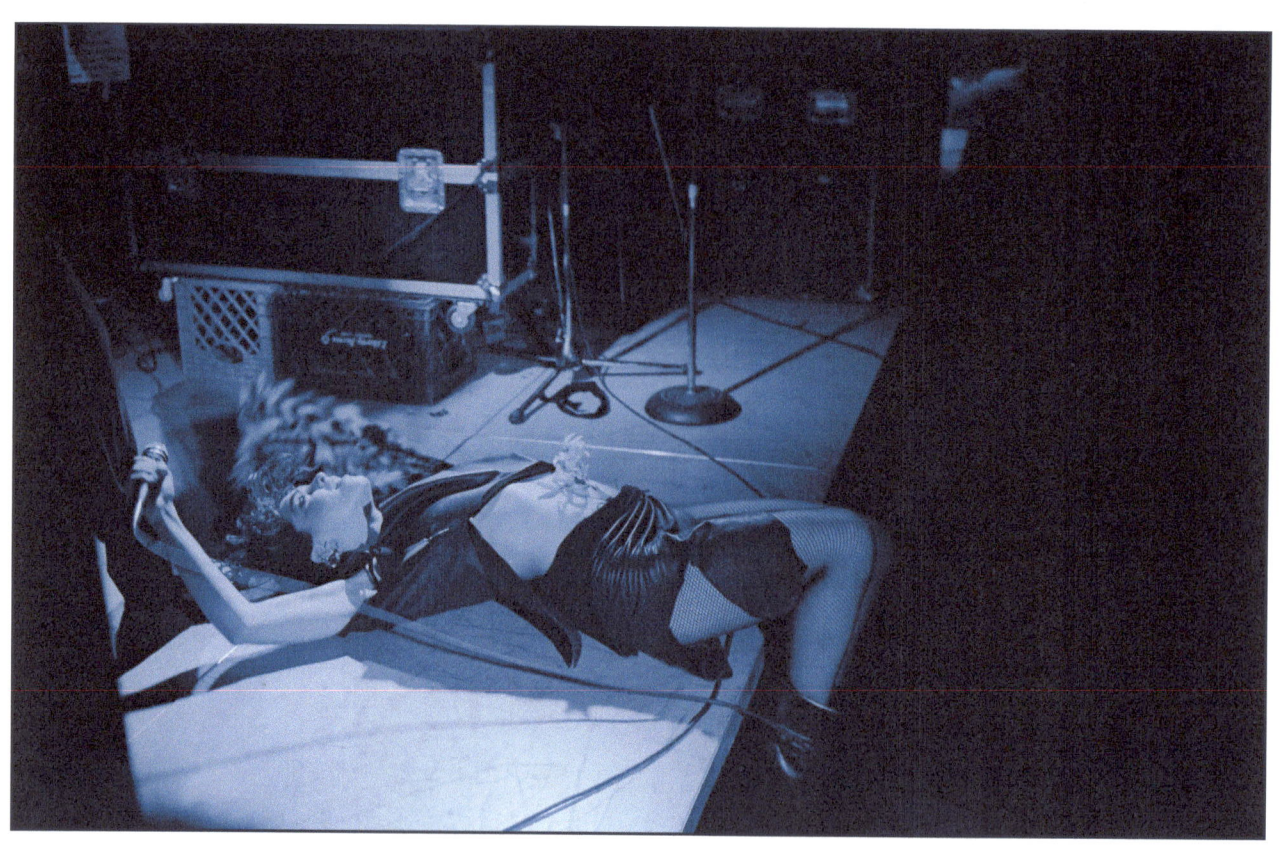

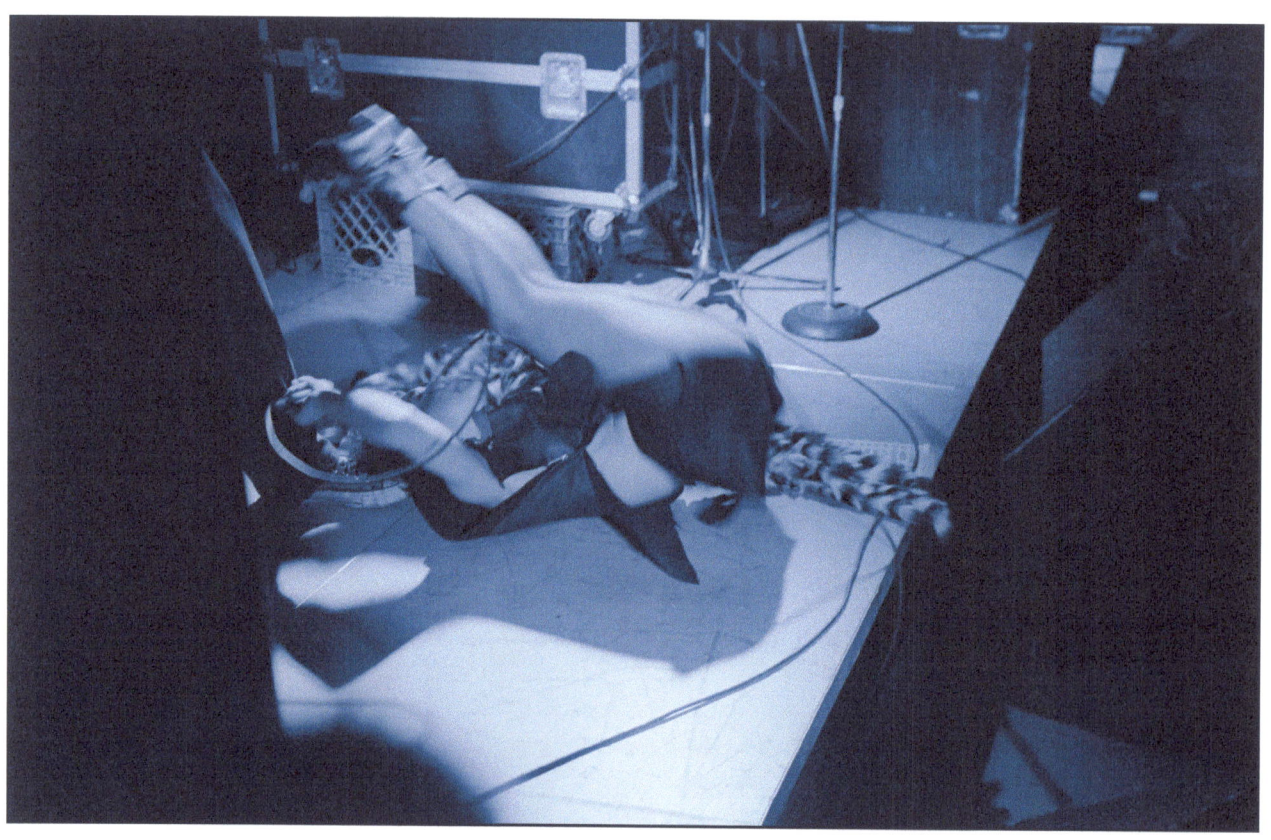

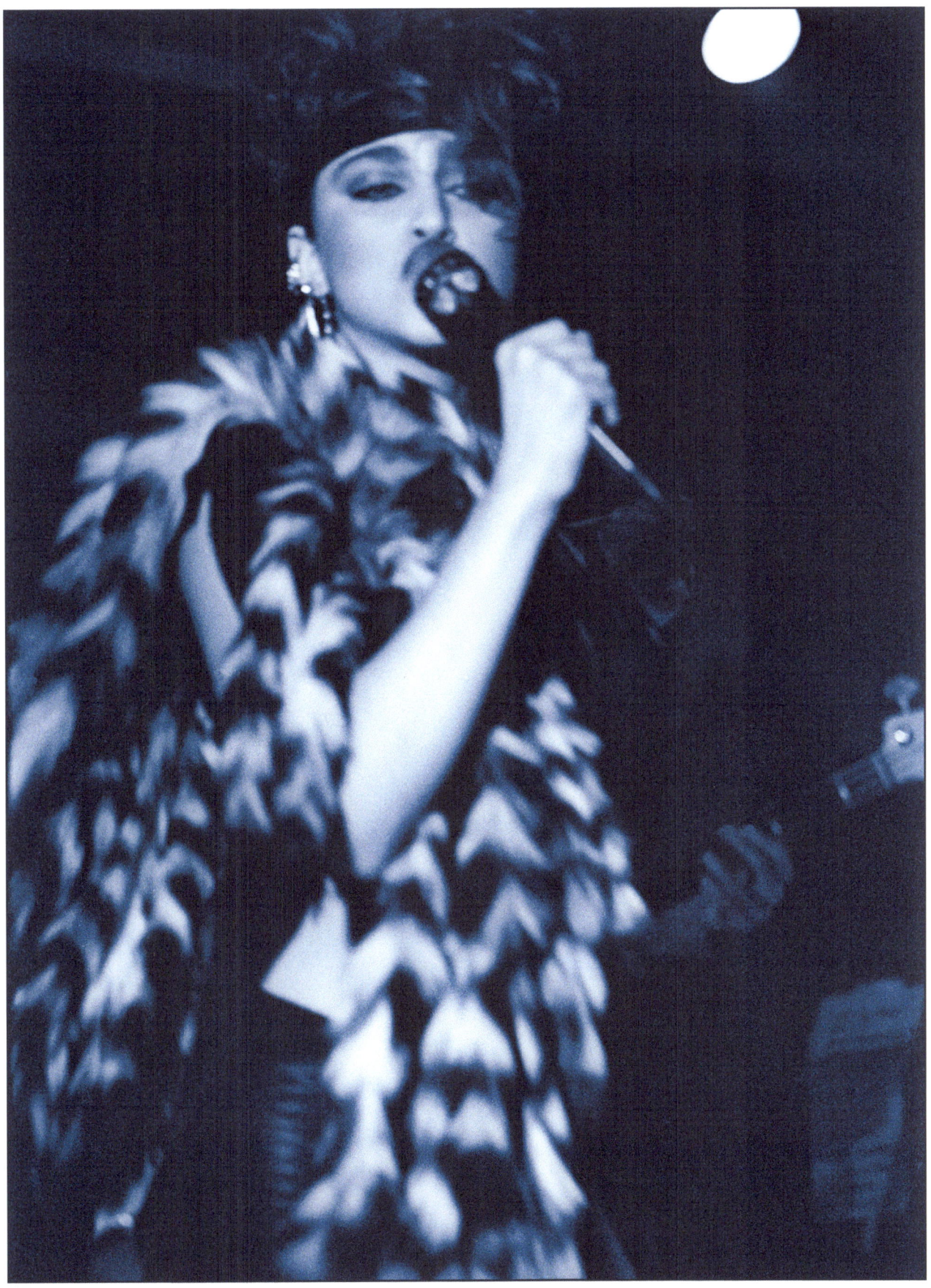

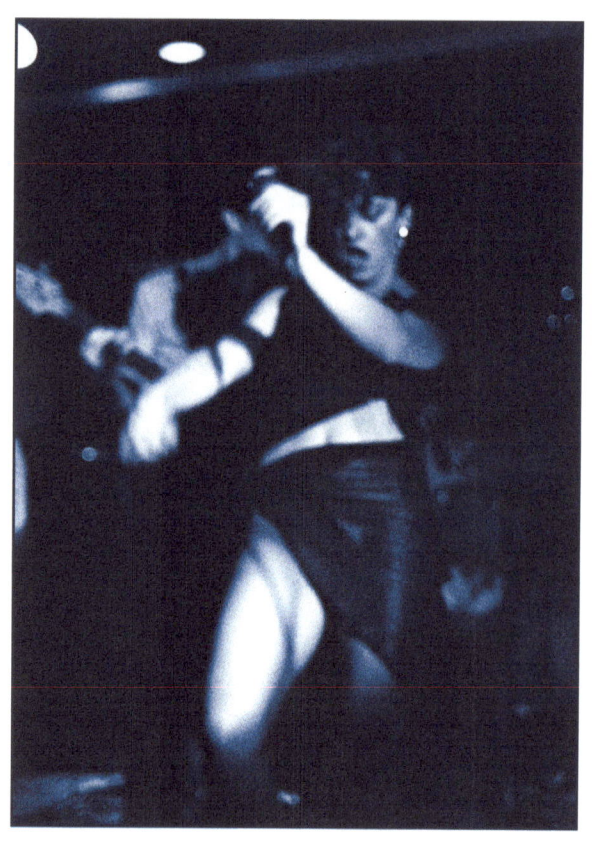
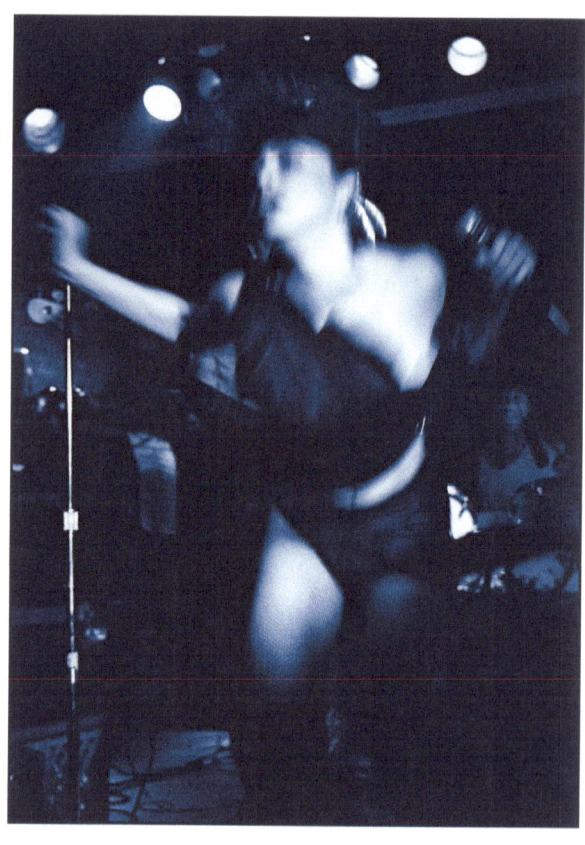
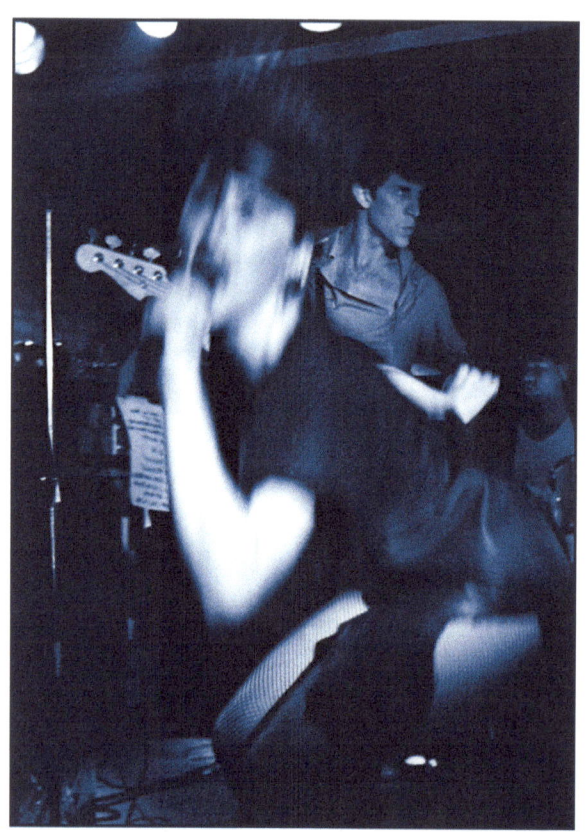
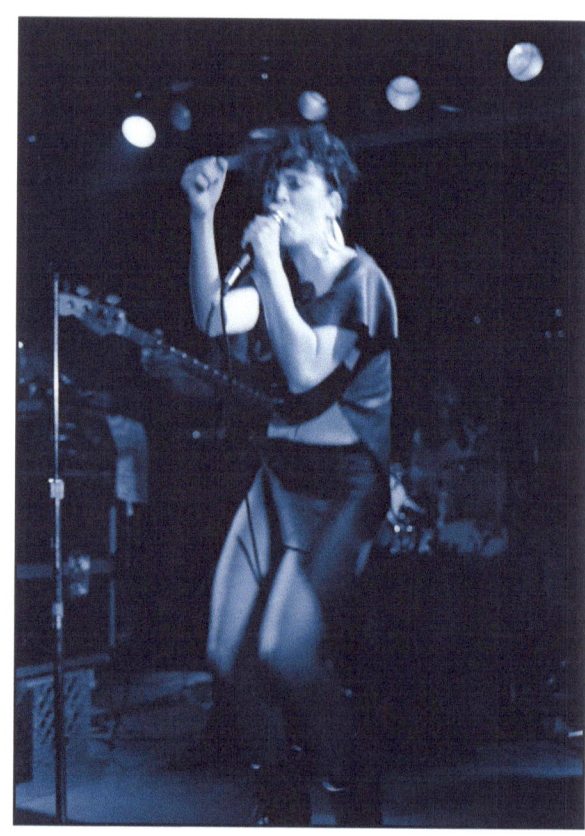

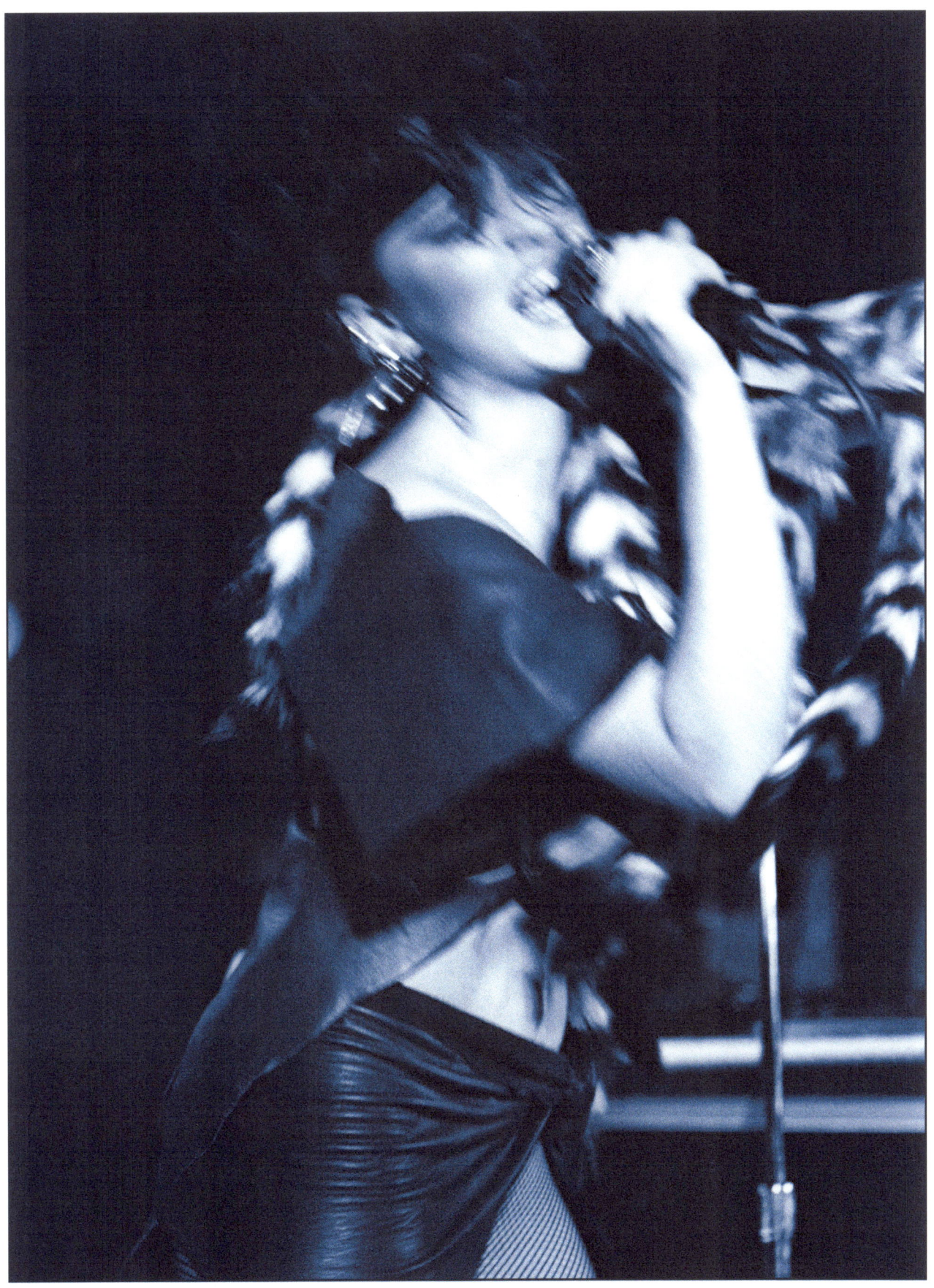

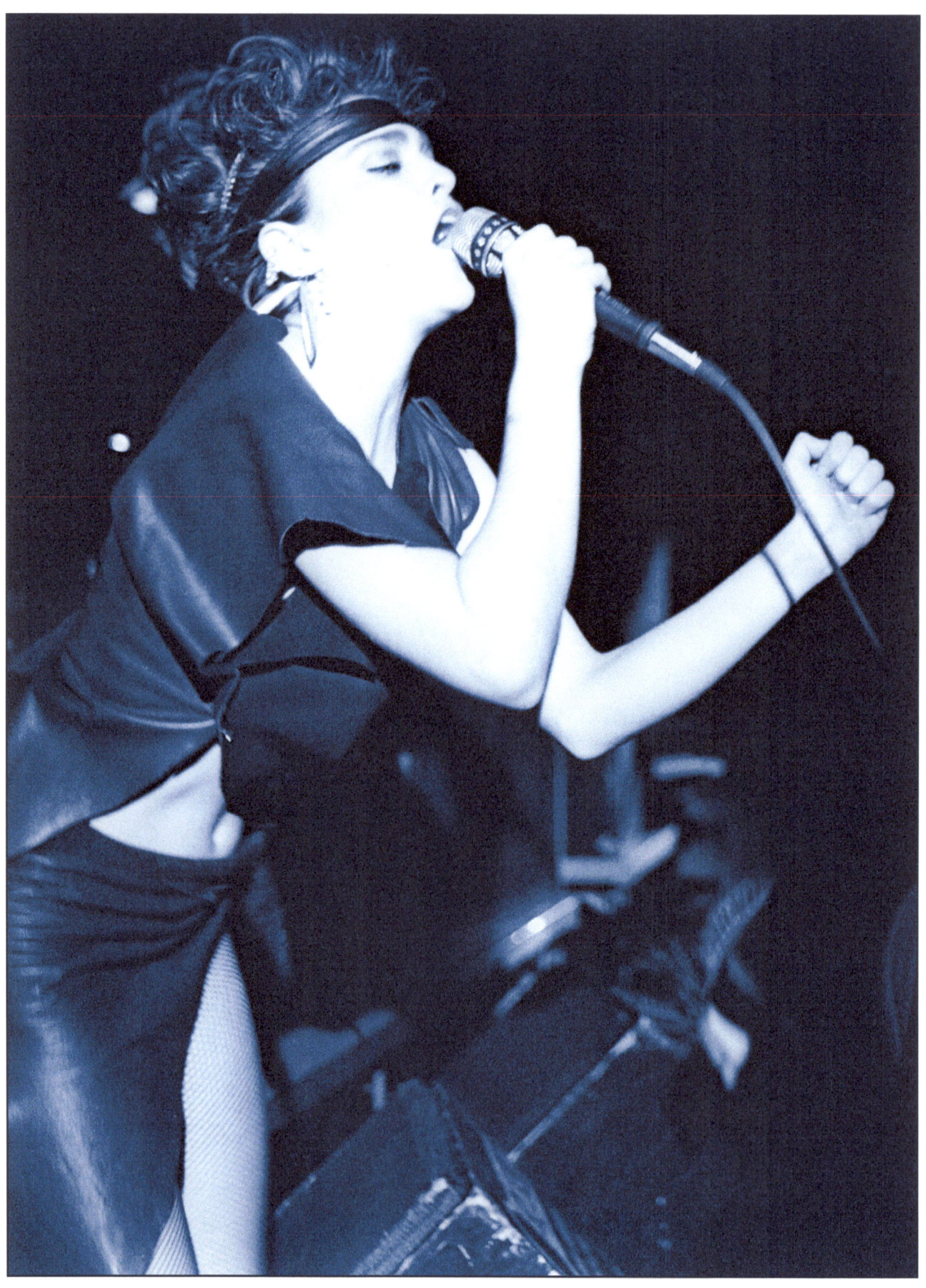

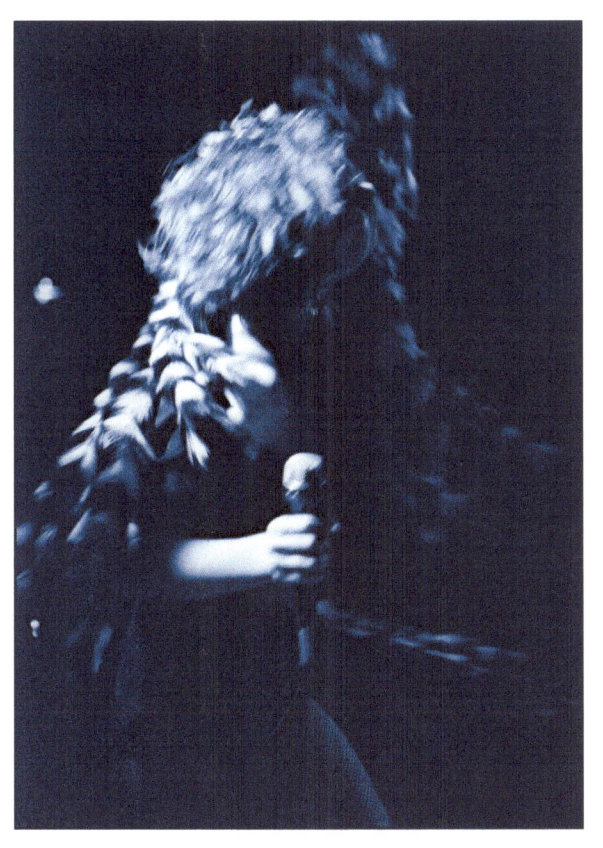
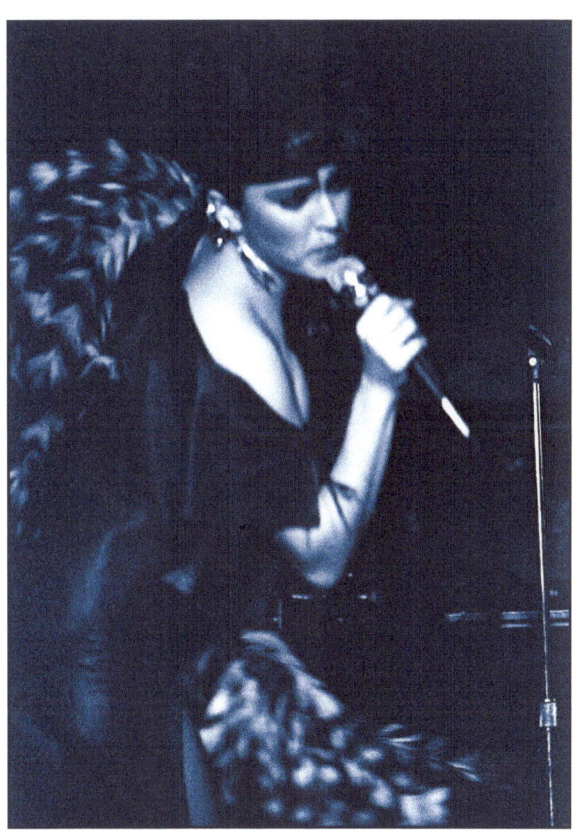
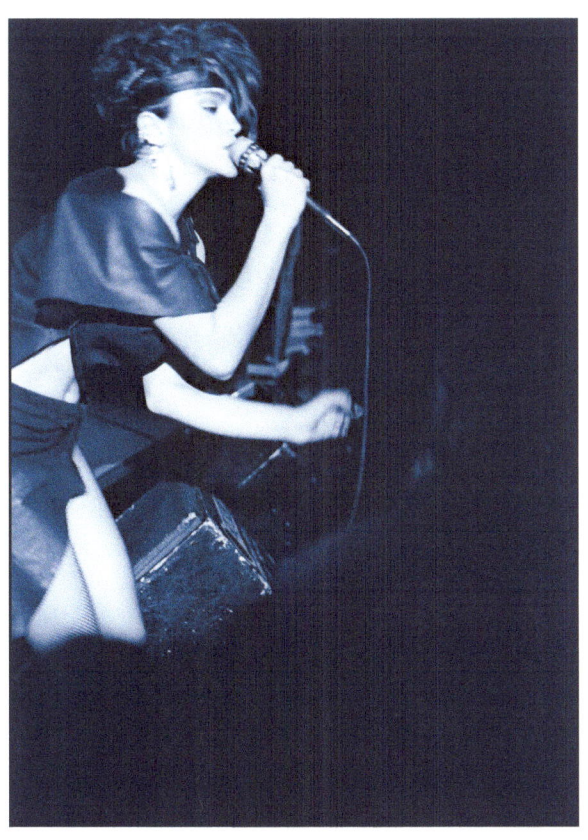
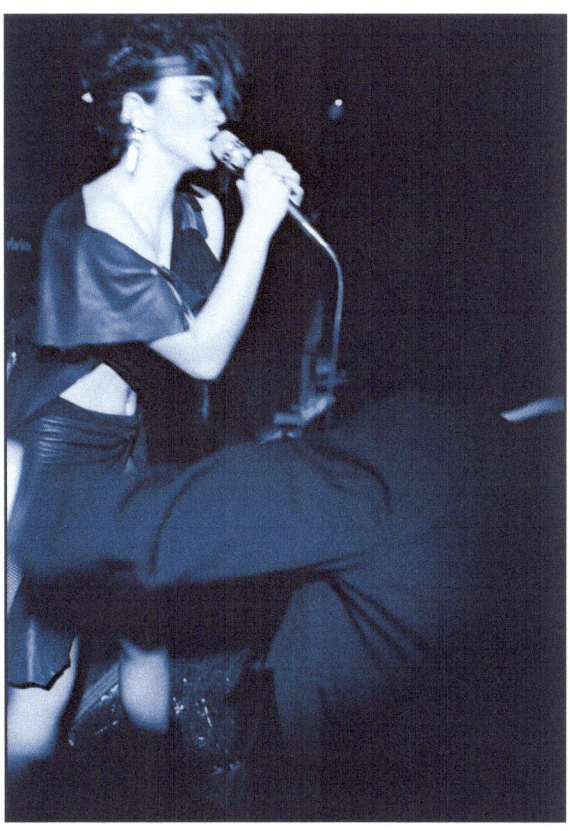

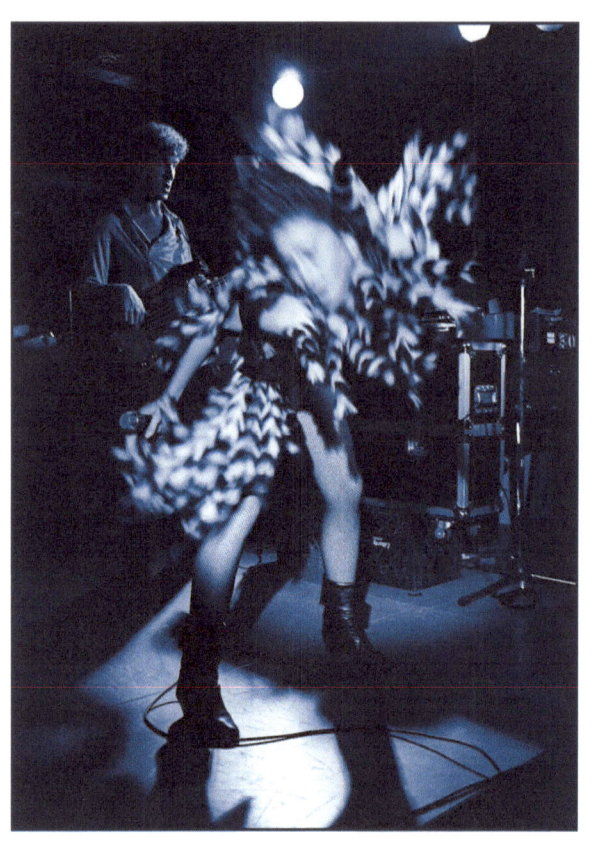
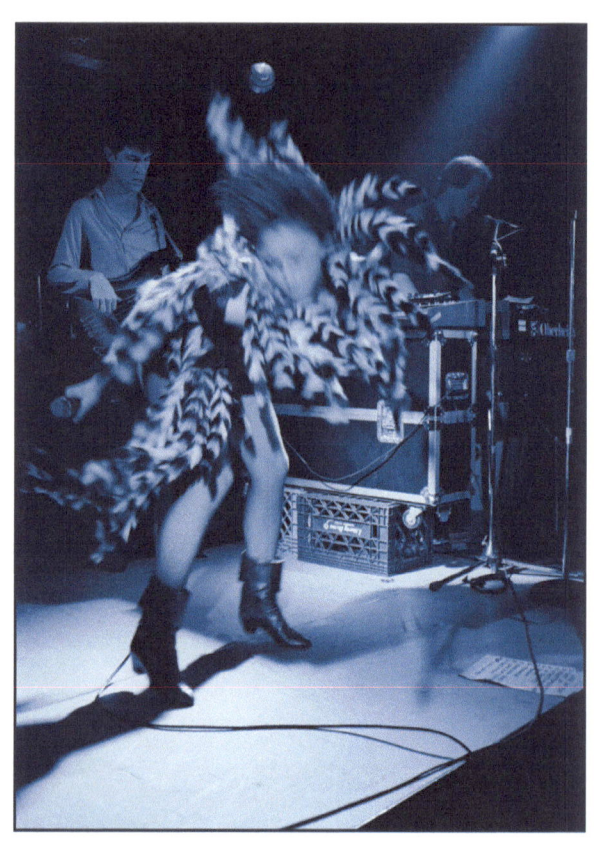
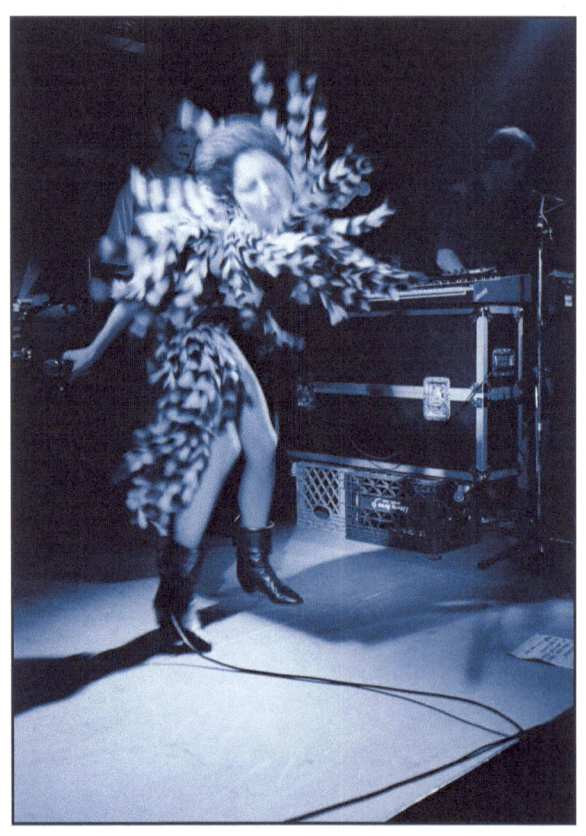
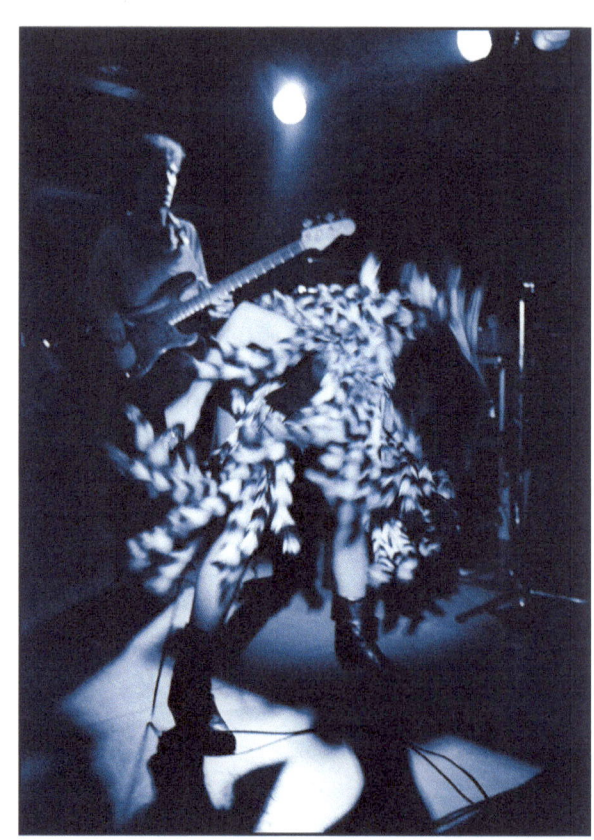

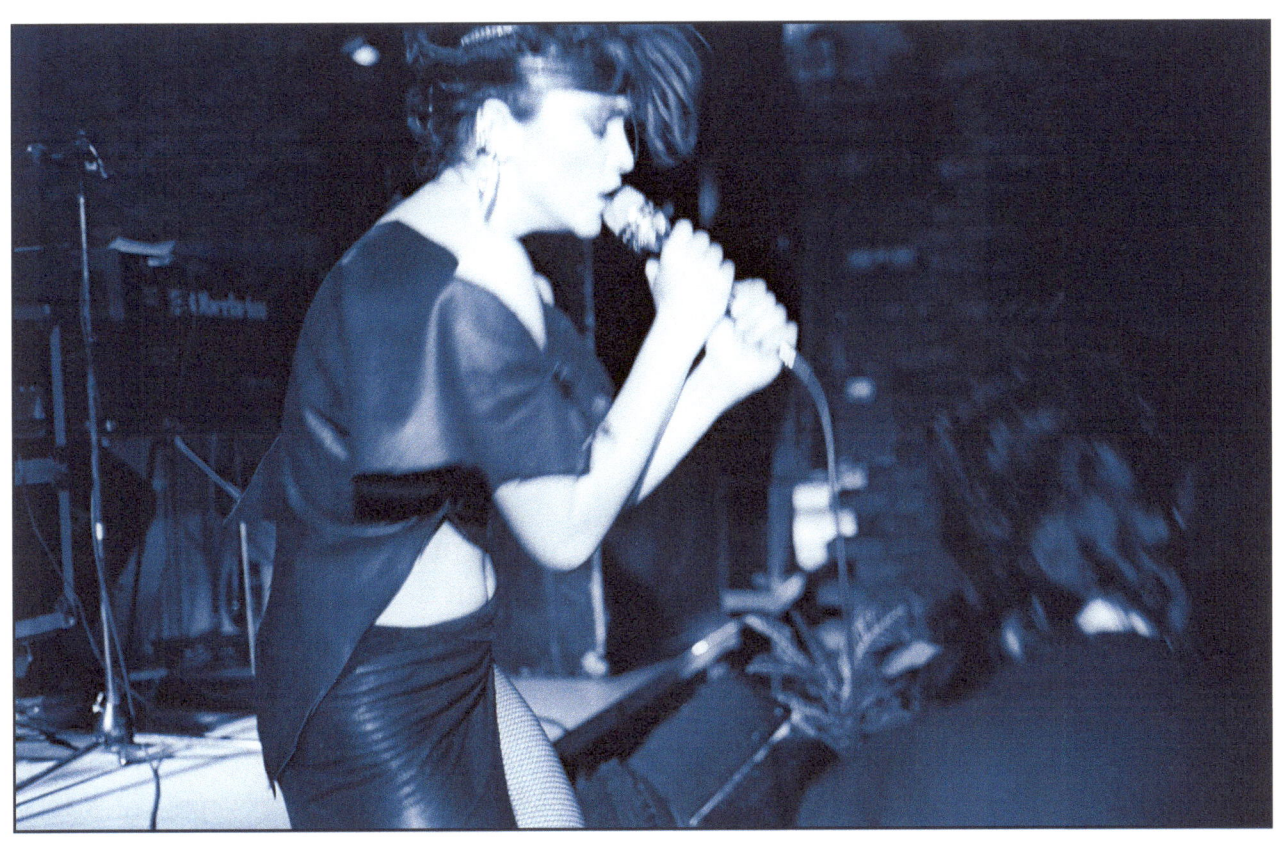

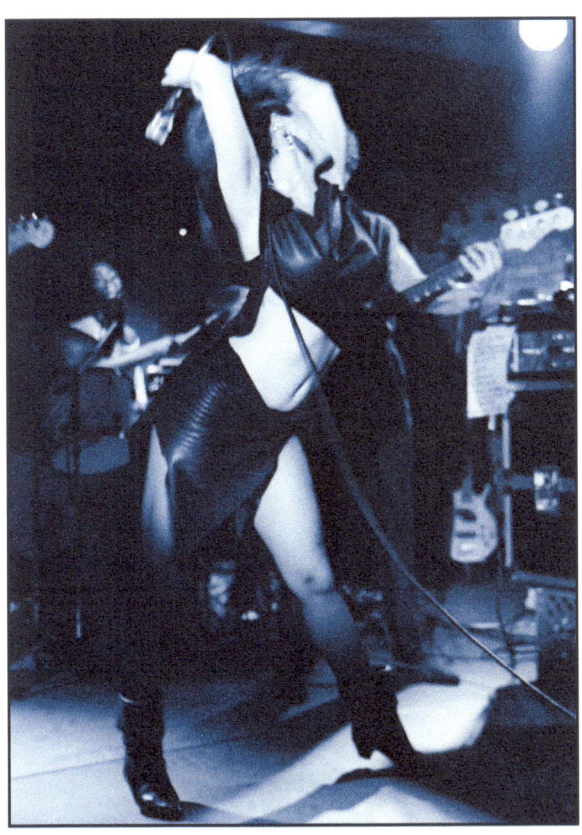

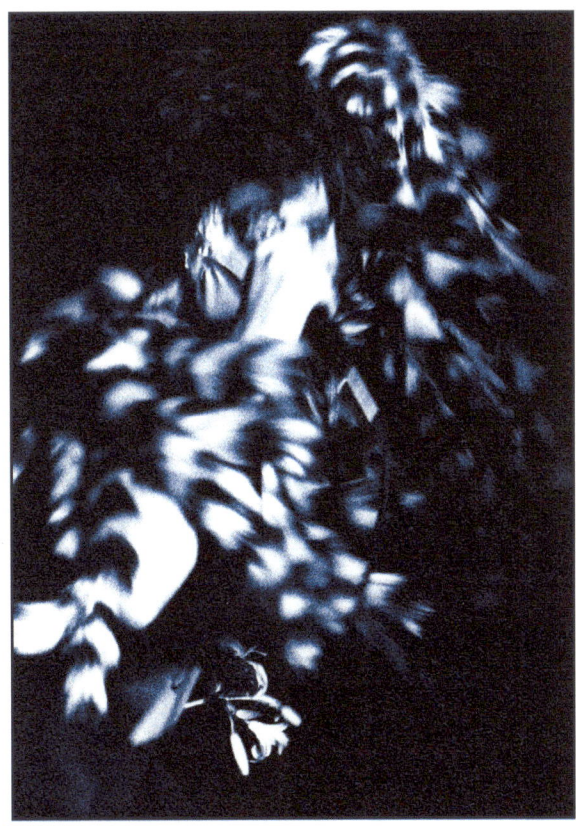

Después de haber sido irreverentemente expulsado del vestuario de Madonna por tratar de darle algunas palabras de aliento entre las dos partes de su espectáculo, regresé a la sala principal del club y esperé a que el show continuara.

Ella regresó al escenario con un vestuario completamente diferente y procedió a arrojar partes de su traje durante la segunda parte del show.

Me gustó el suéter de la Universidad de Michigan con la gran letra "M" podría significar Michigan, de donde Madonna era originaria tambien prodría decirse que presentaba a Madonna Aunque el vestuario de Madonna en la segunda parte no era tan sexy como el look "tribu" de la primera parte, Madonna logró que esas vestimentas funcionaran bien.

Su habilidad como artista era evidente. Ella estaba experimentado para encontrar su vestuario y su nuevo look lo encontraría poco despues en el espectáculo en Roslyn.

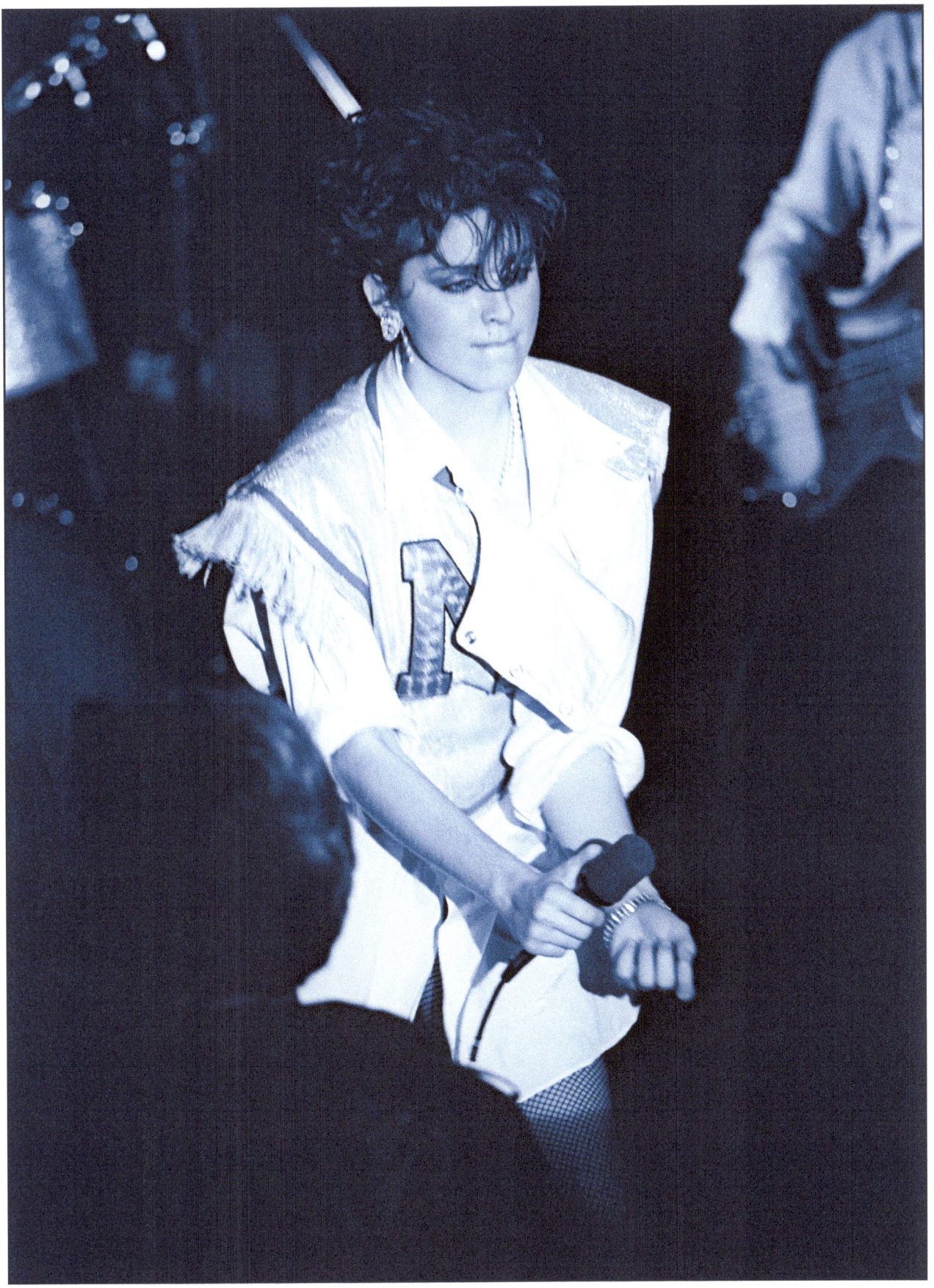

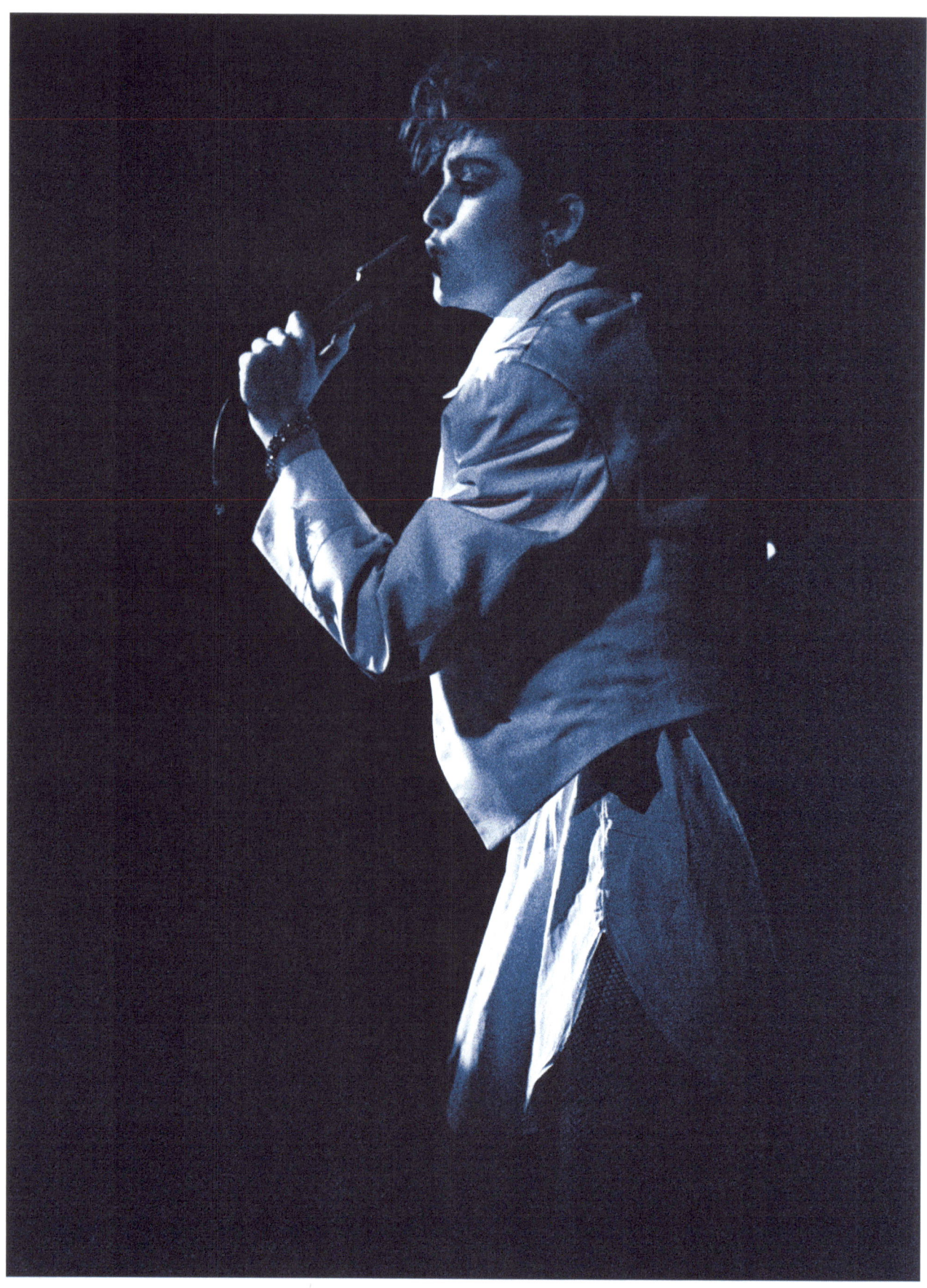

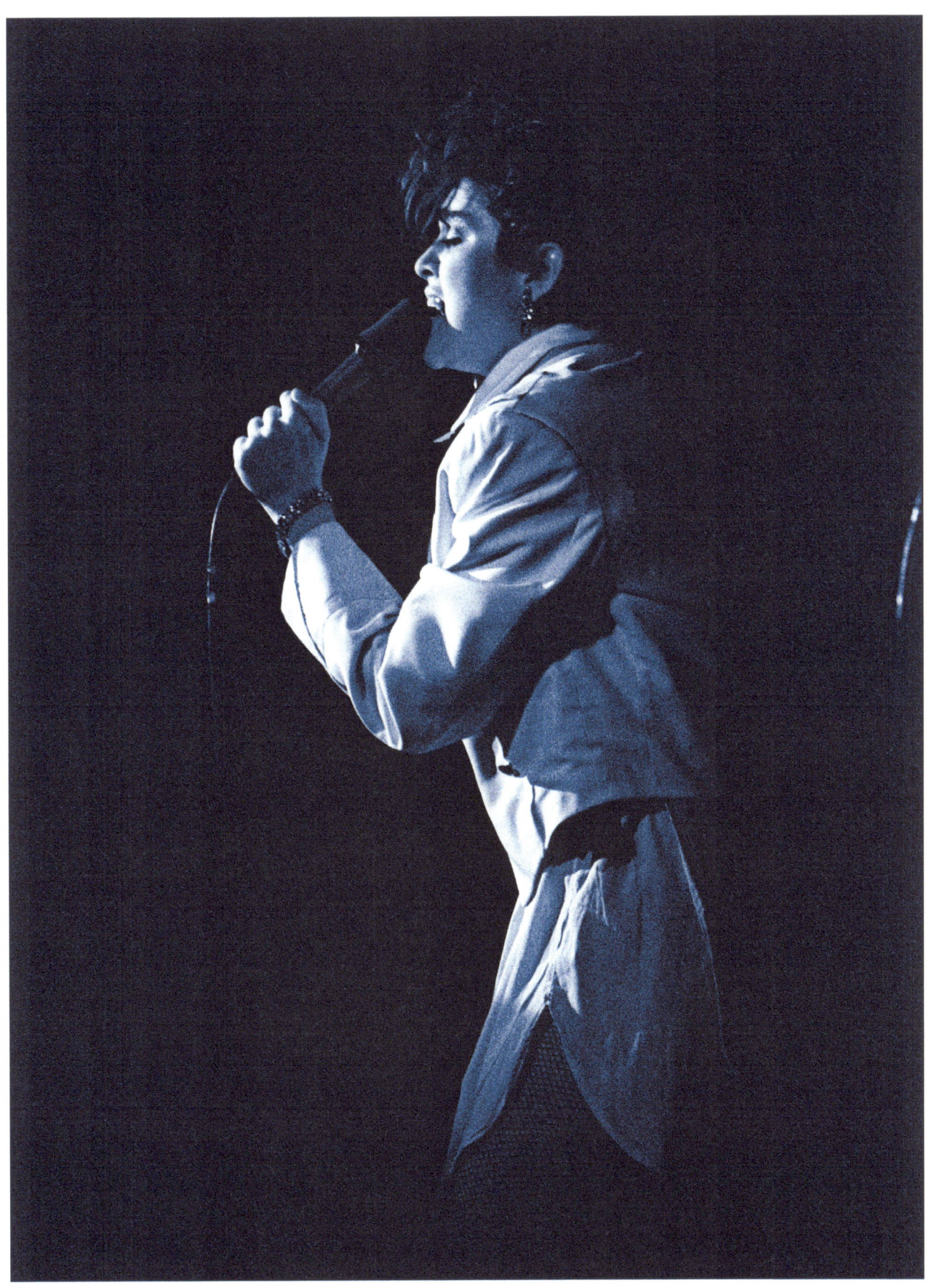

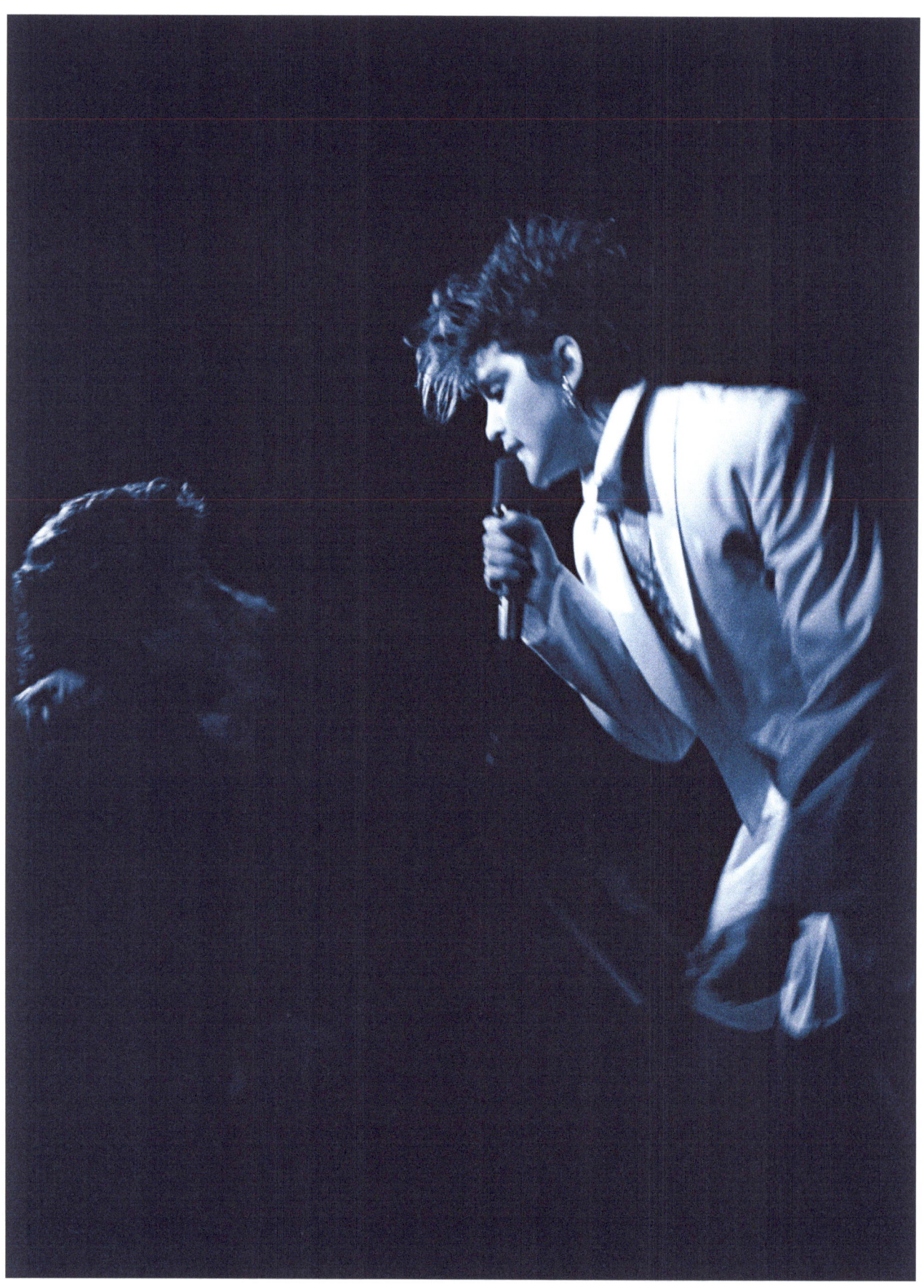

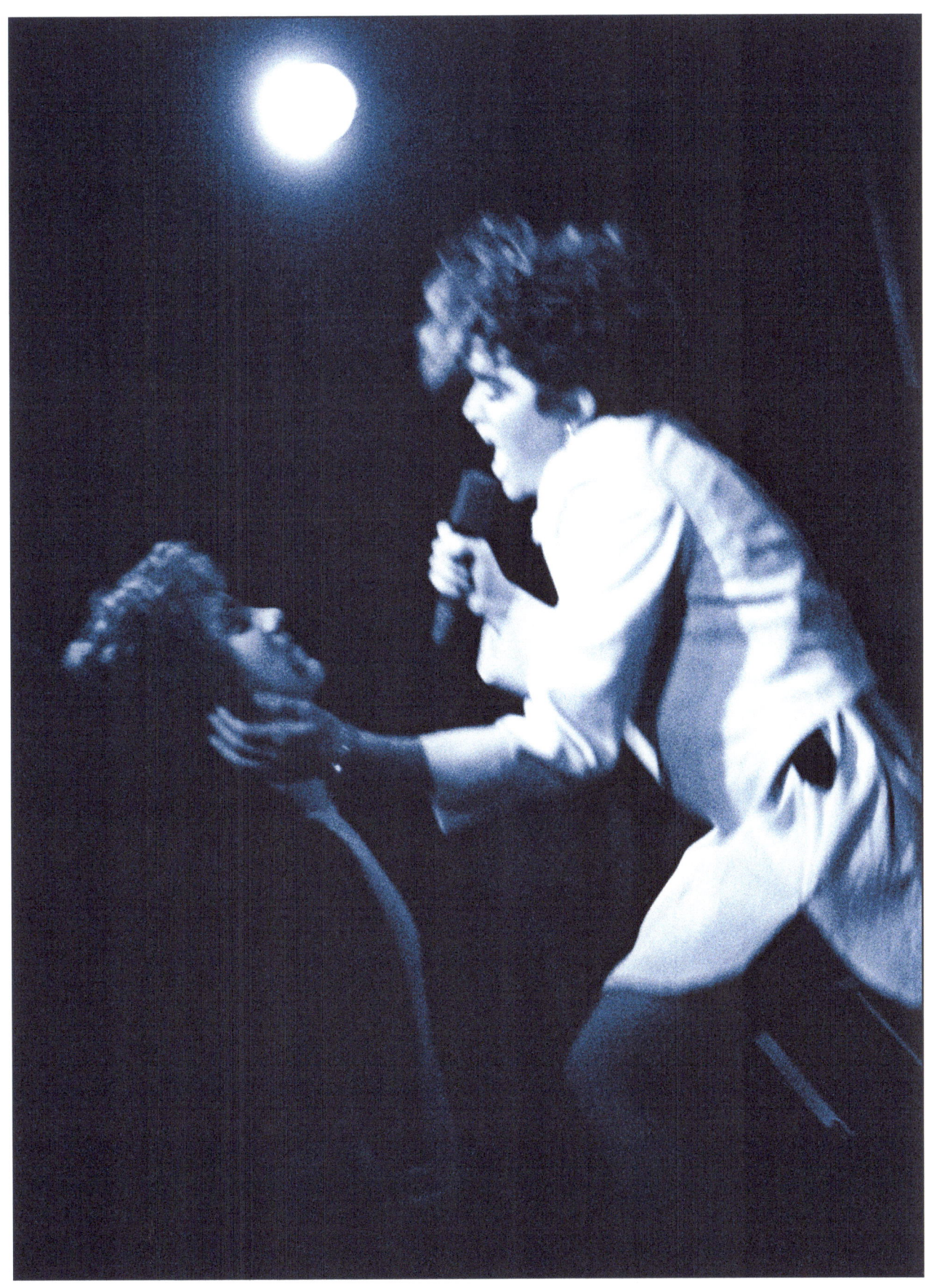

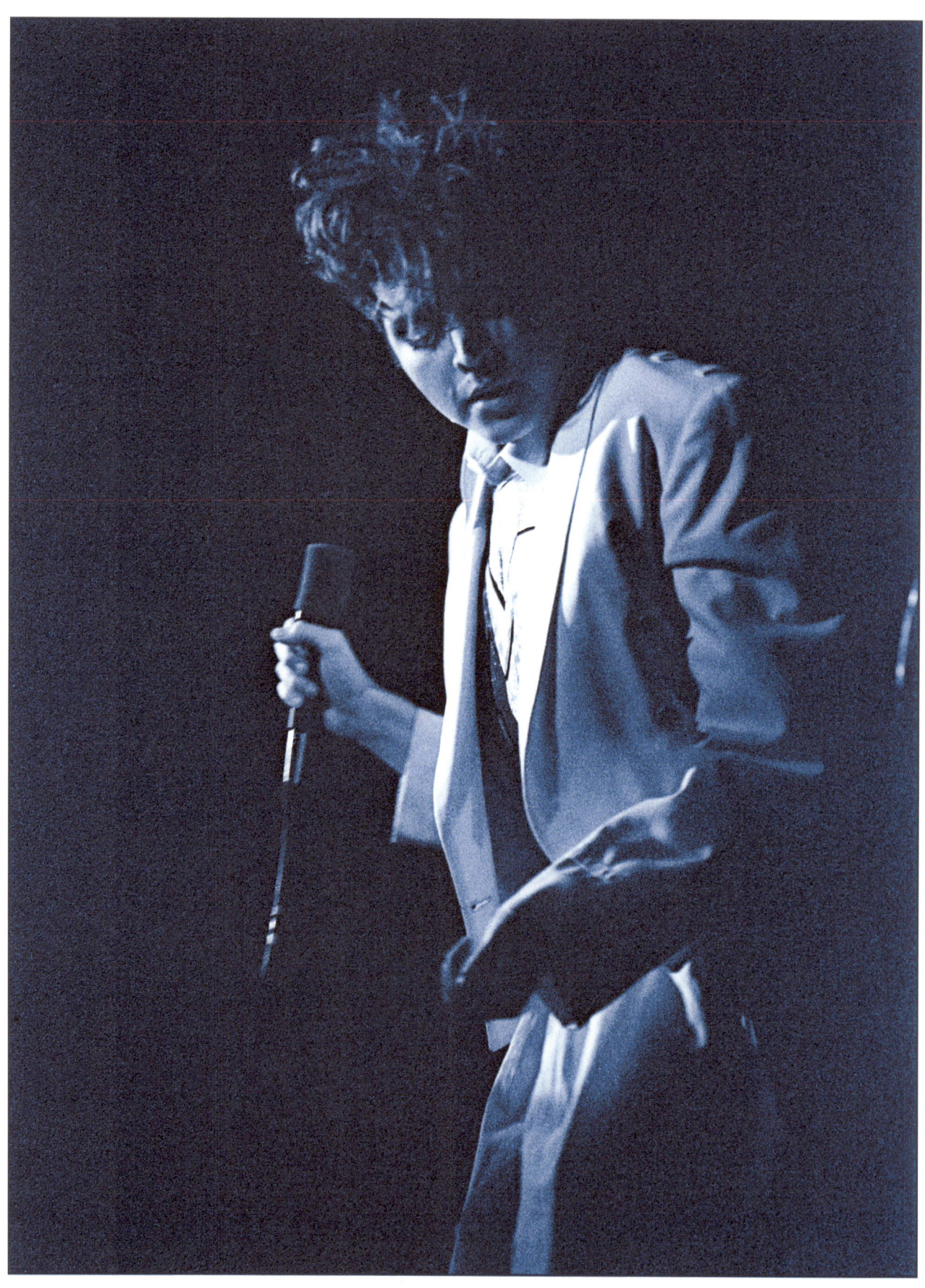

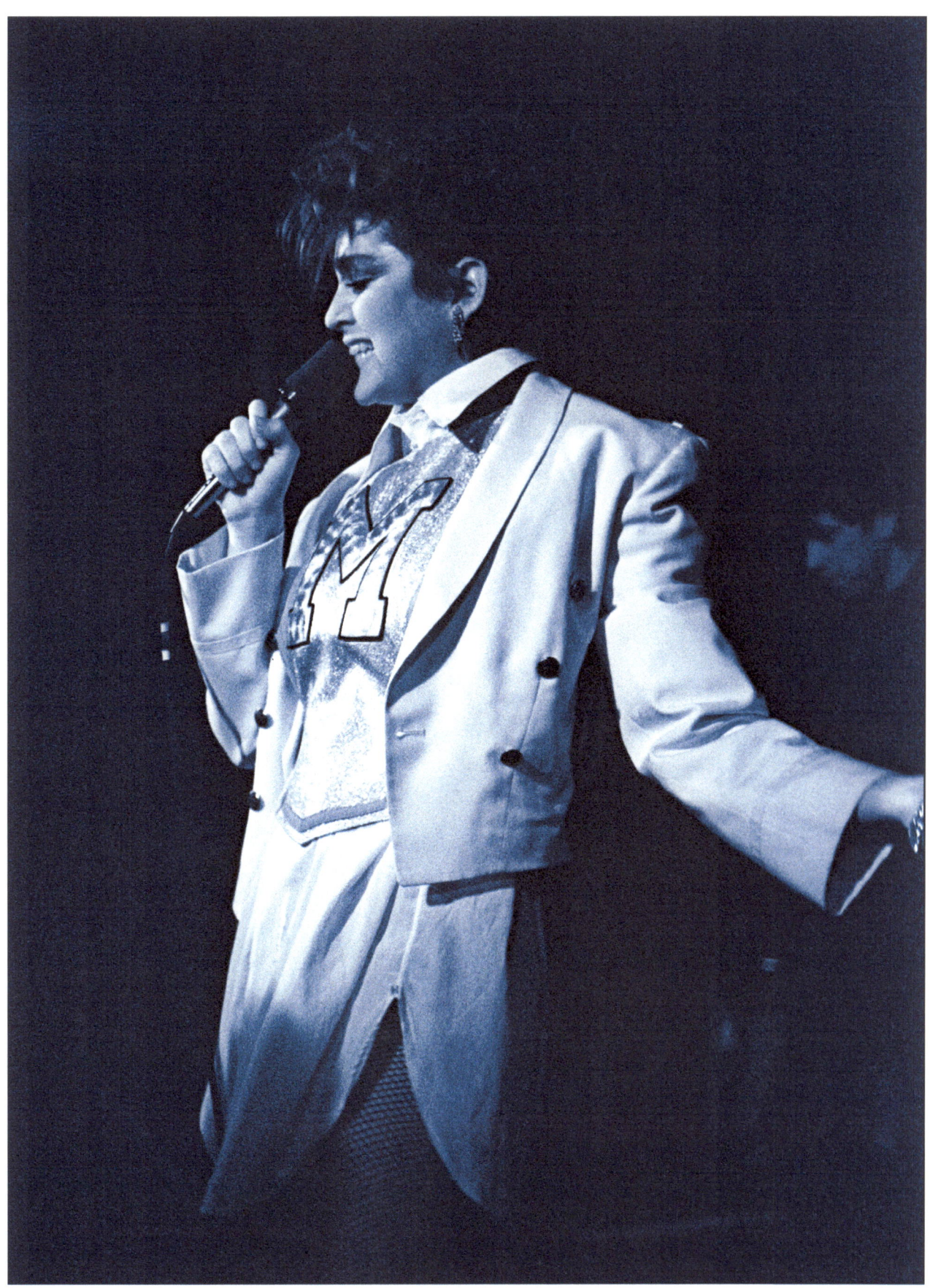

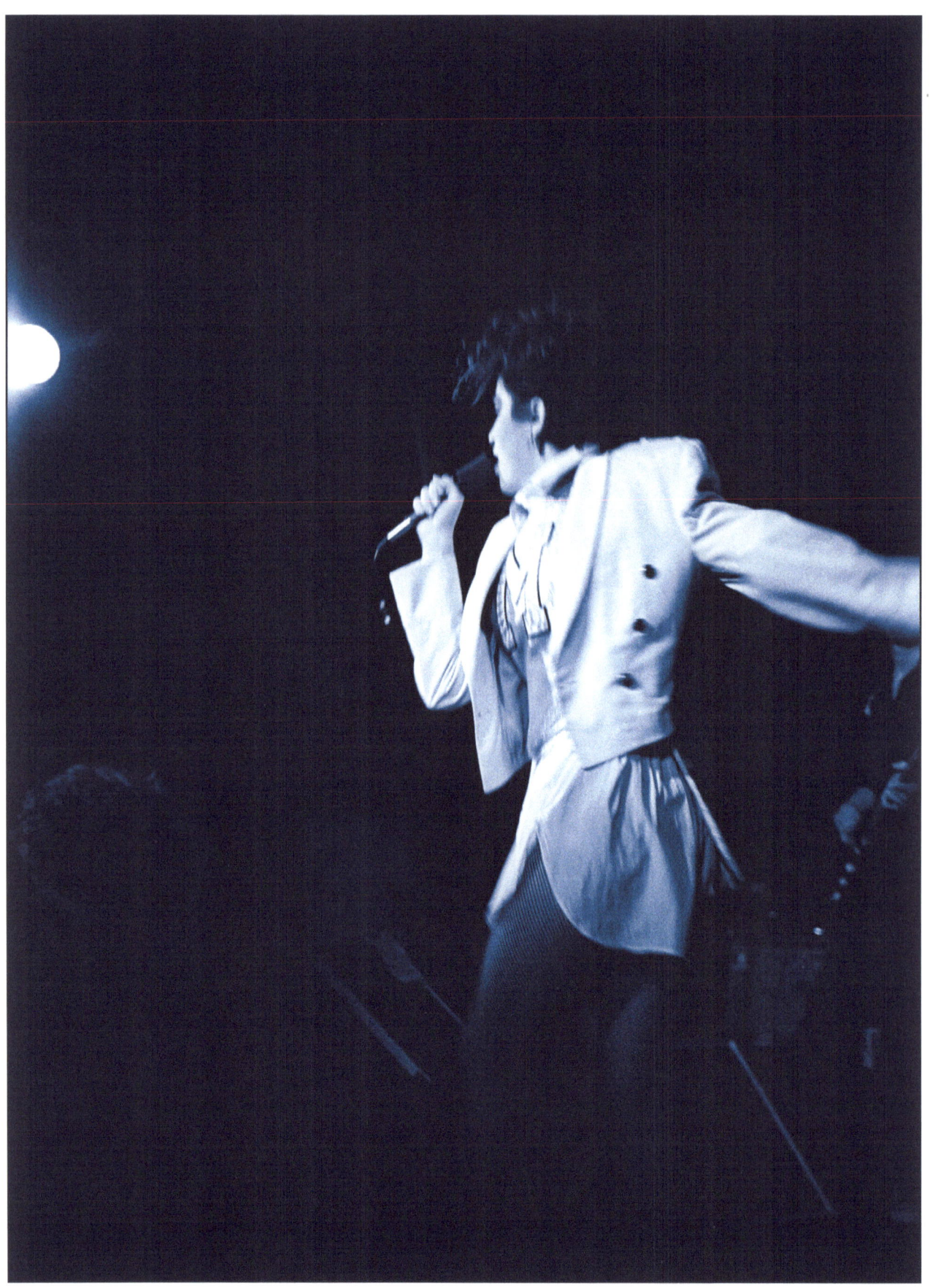

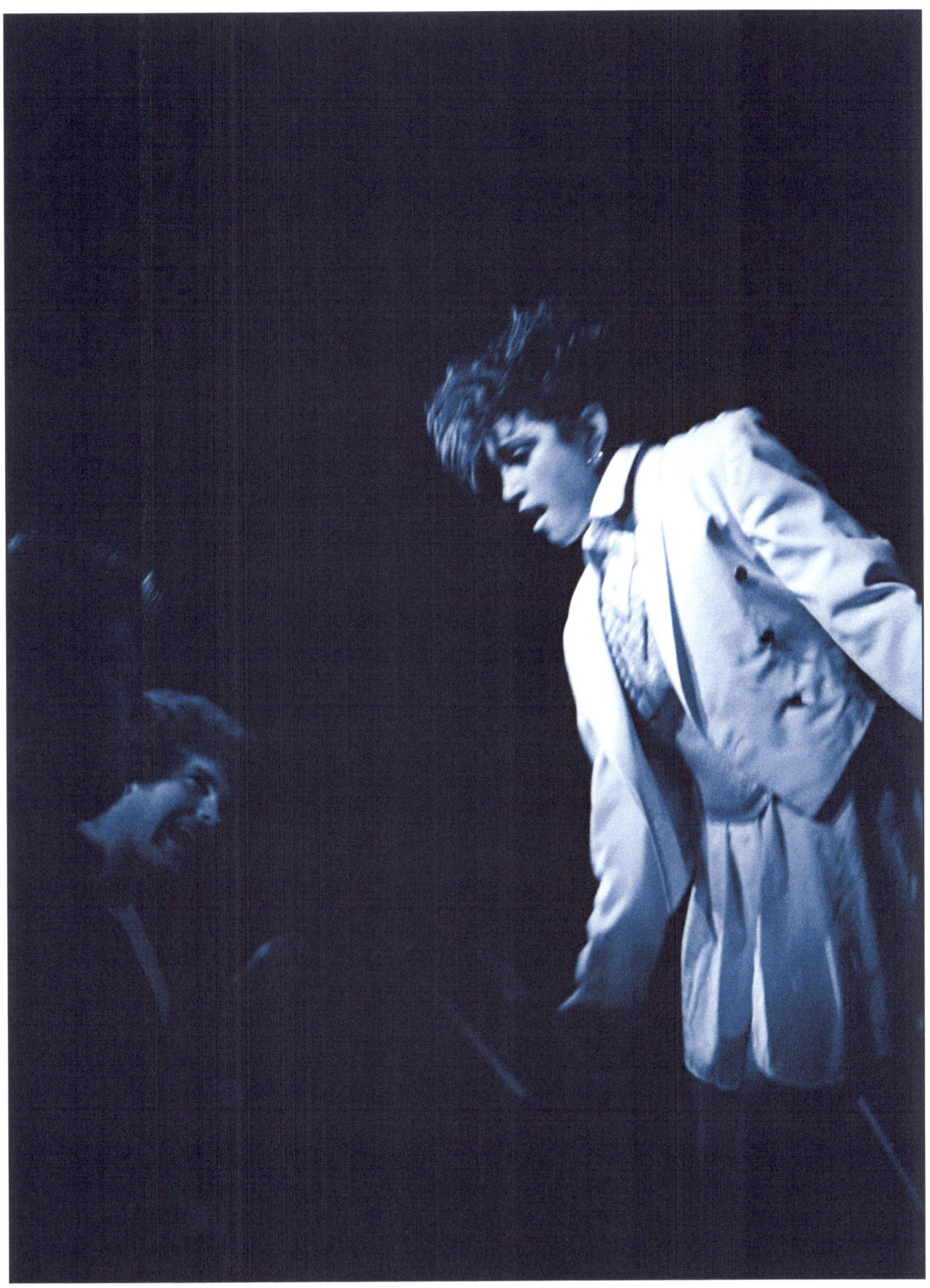

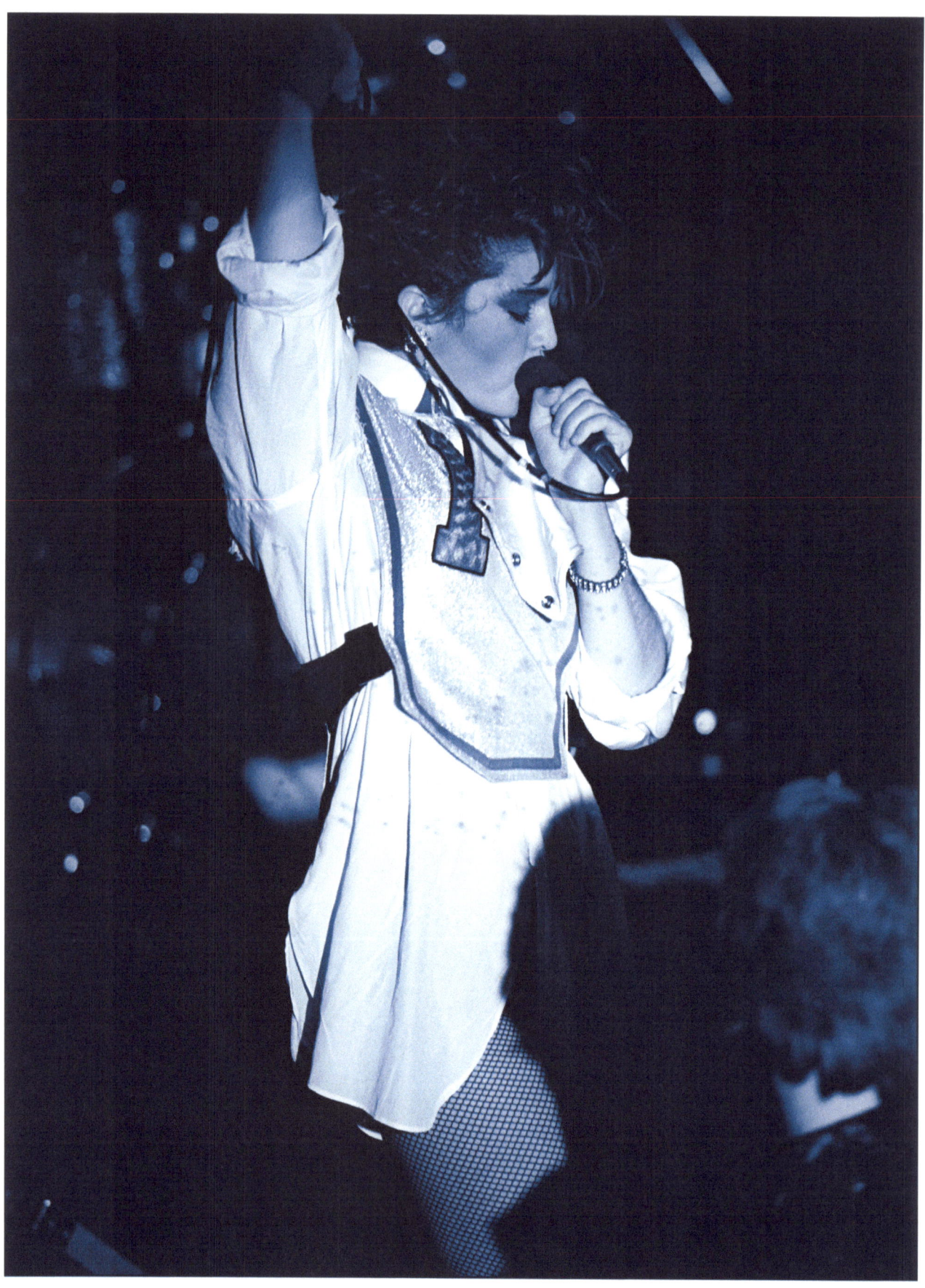

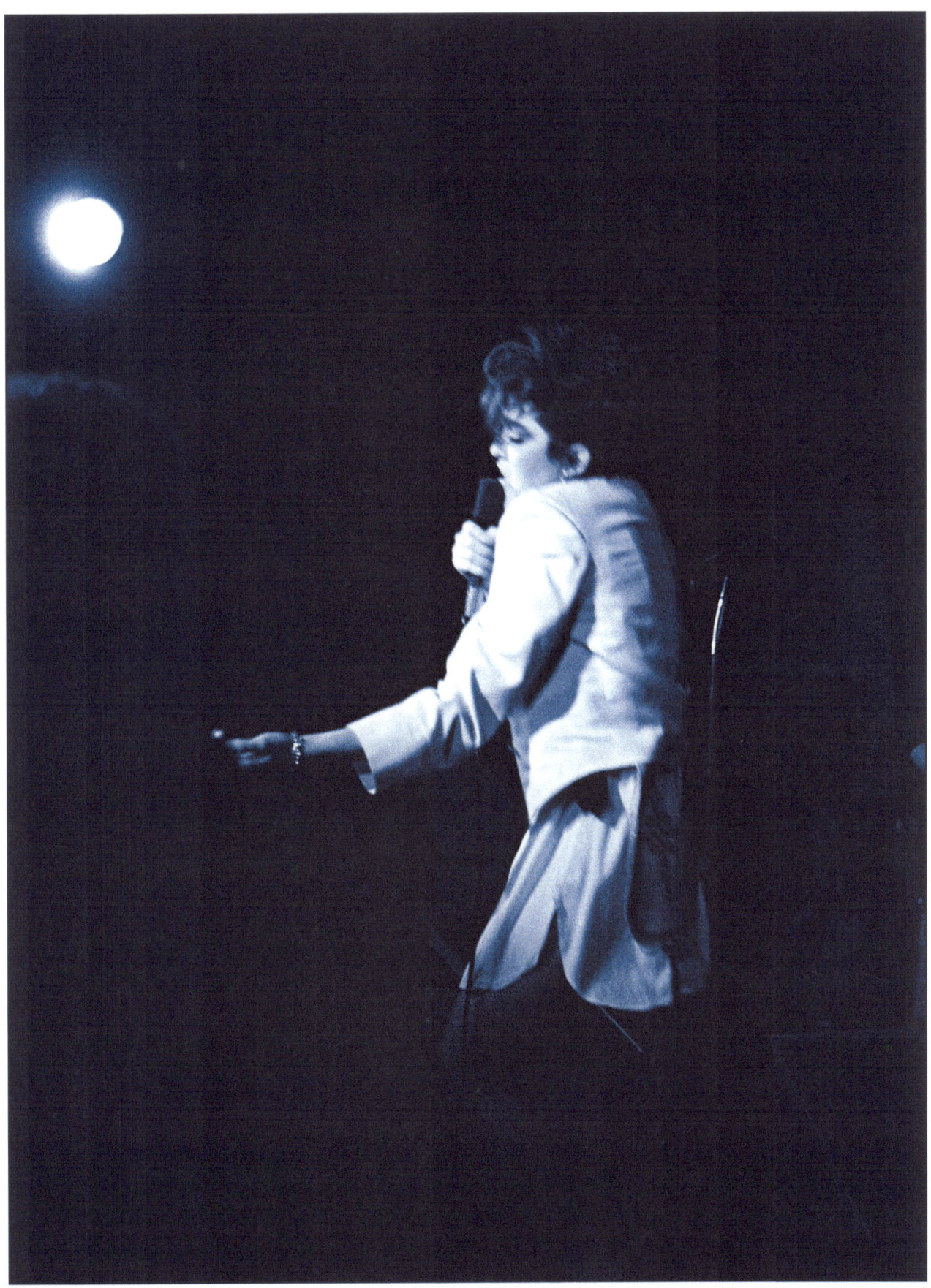

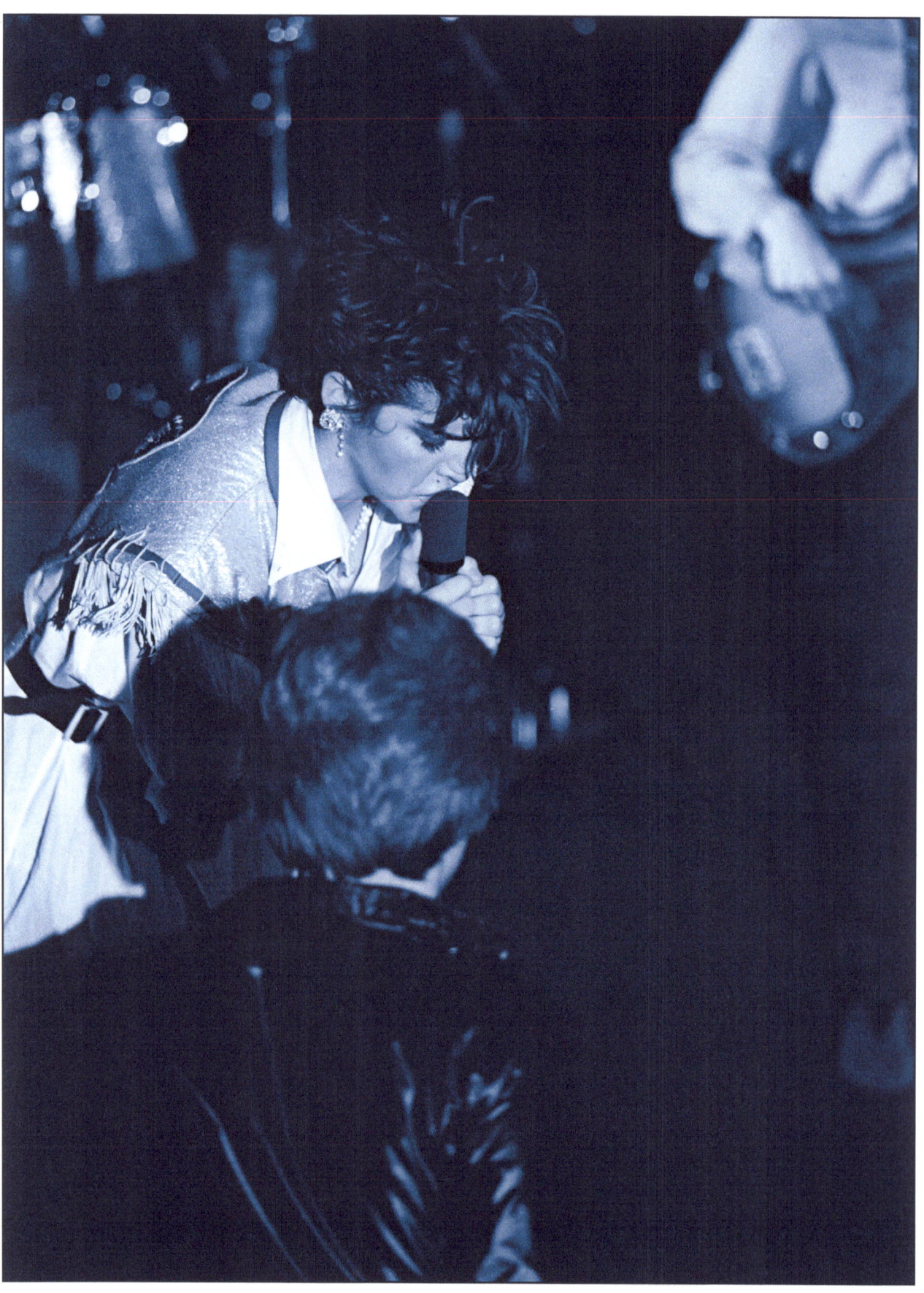

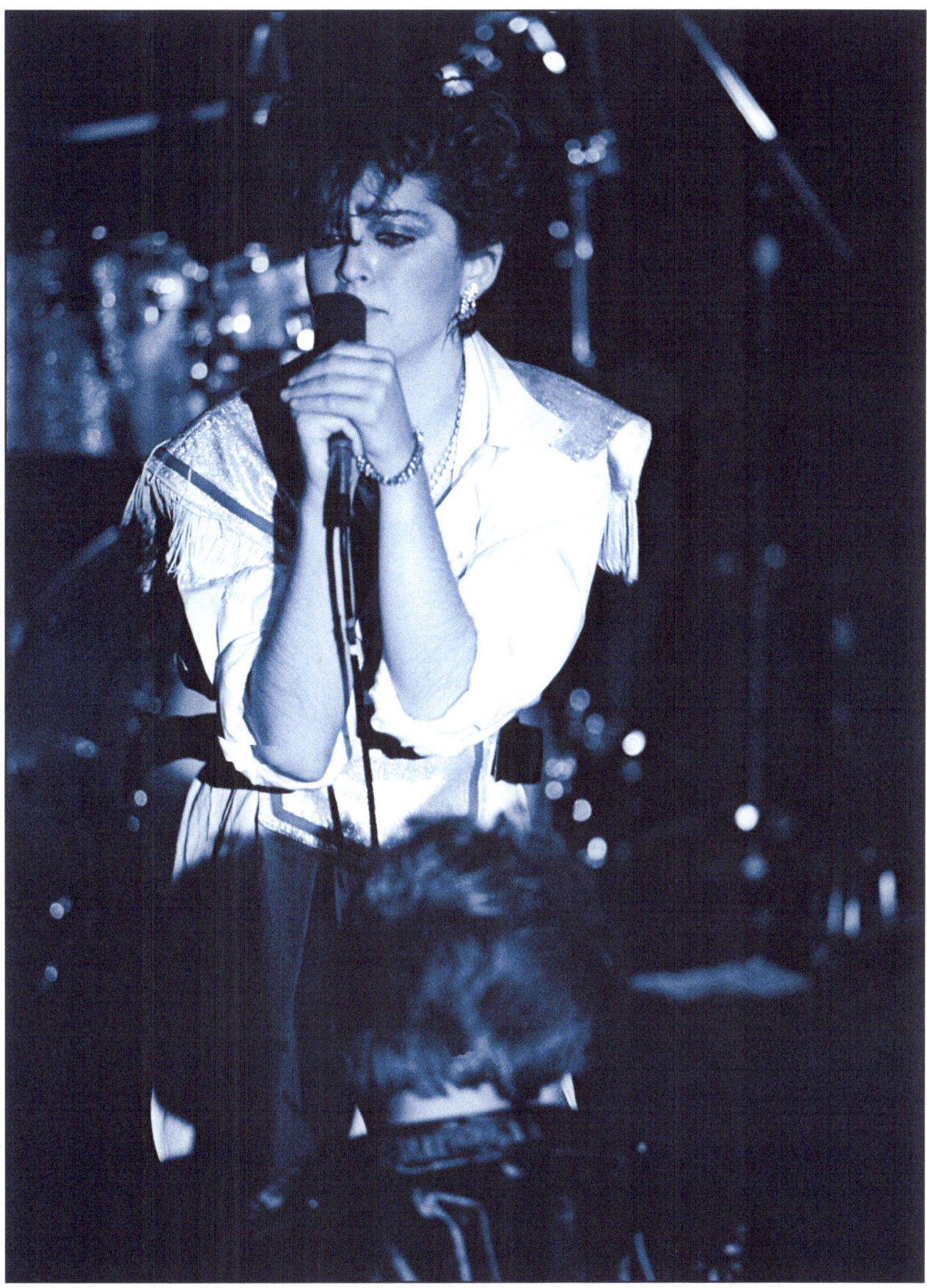

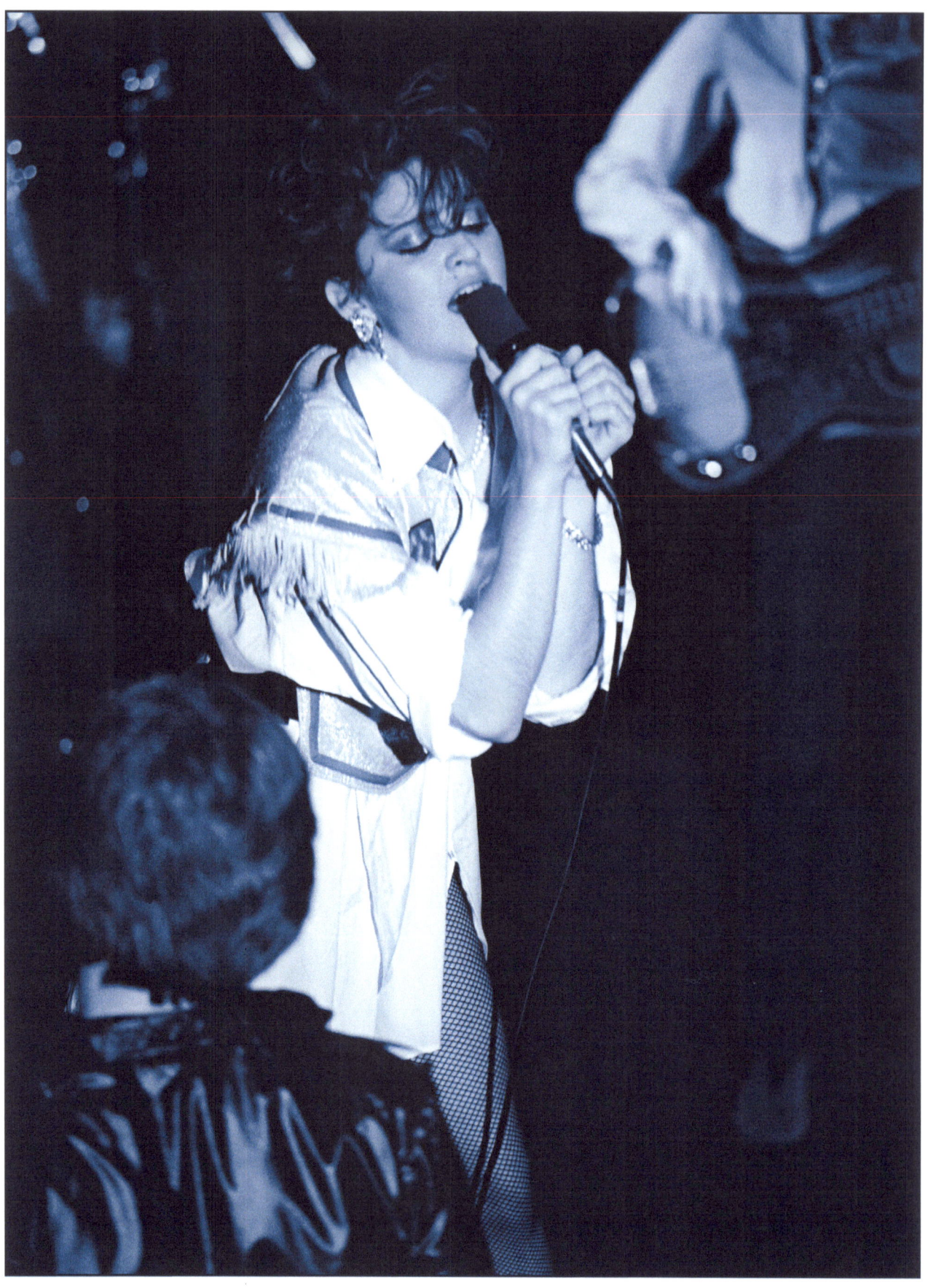

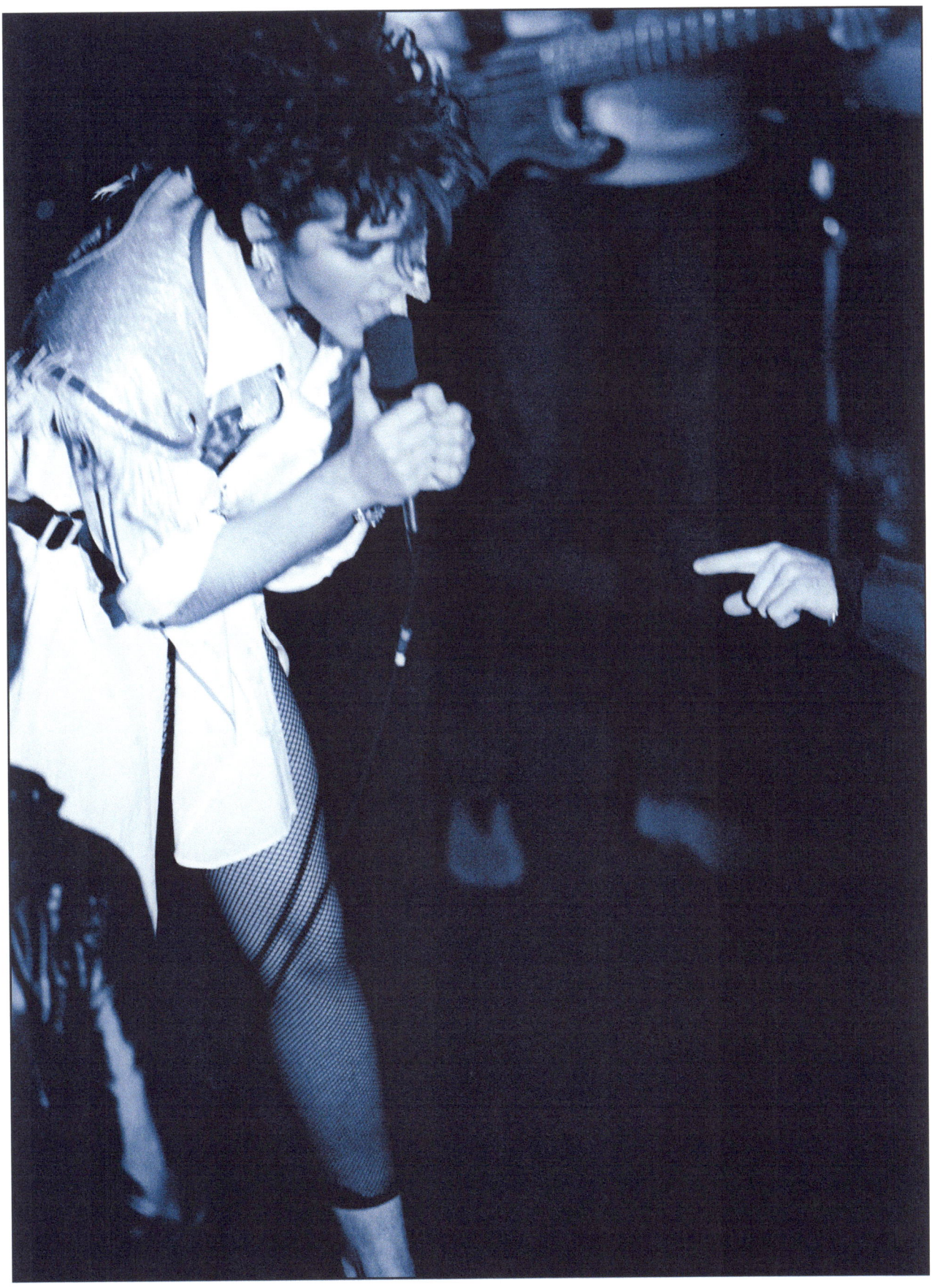

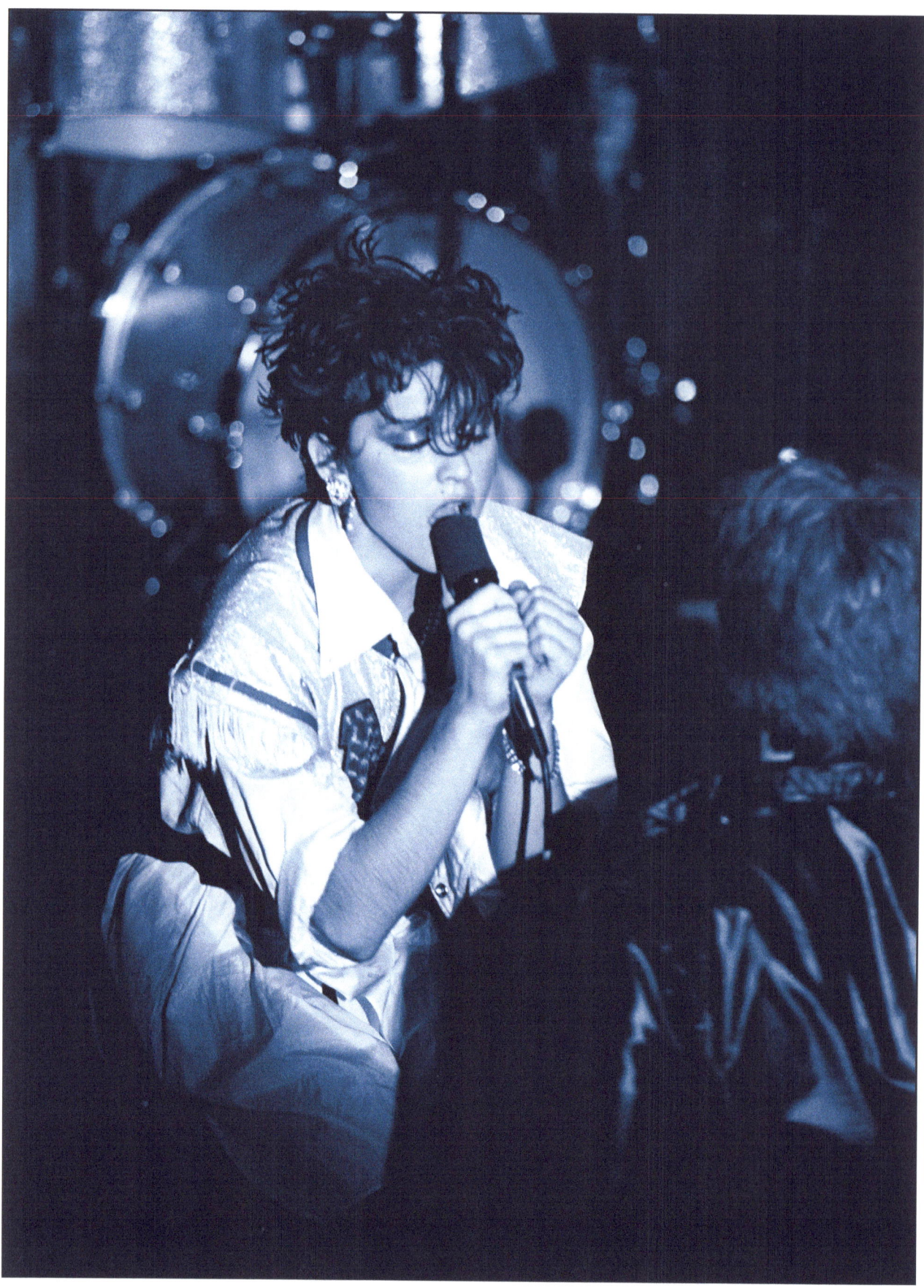

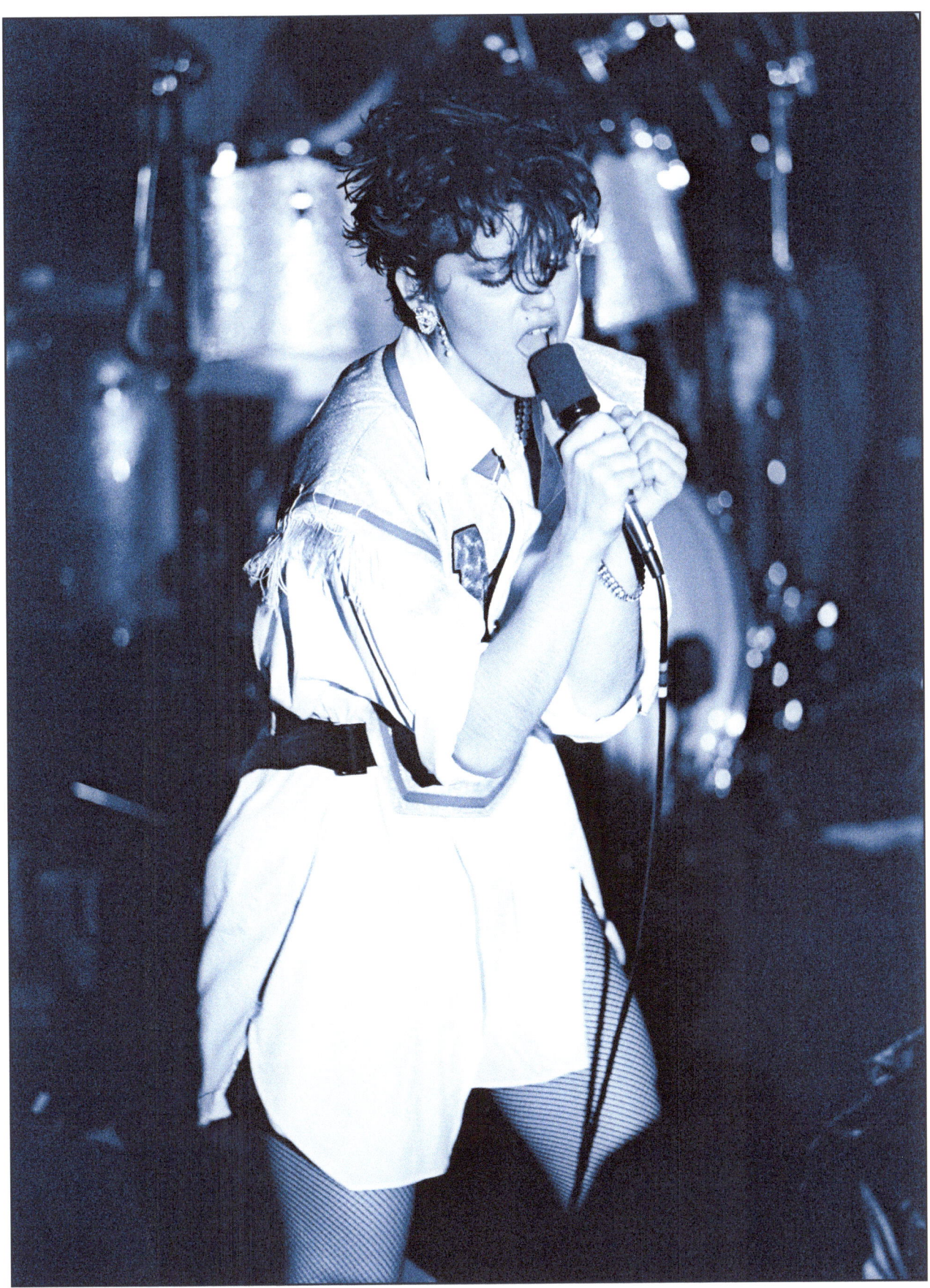

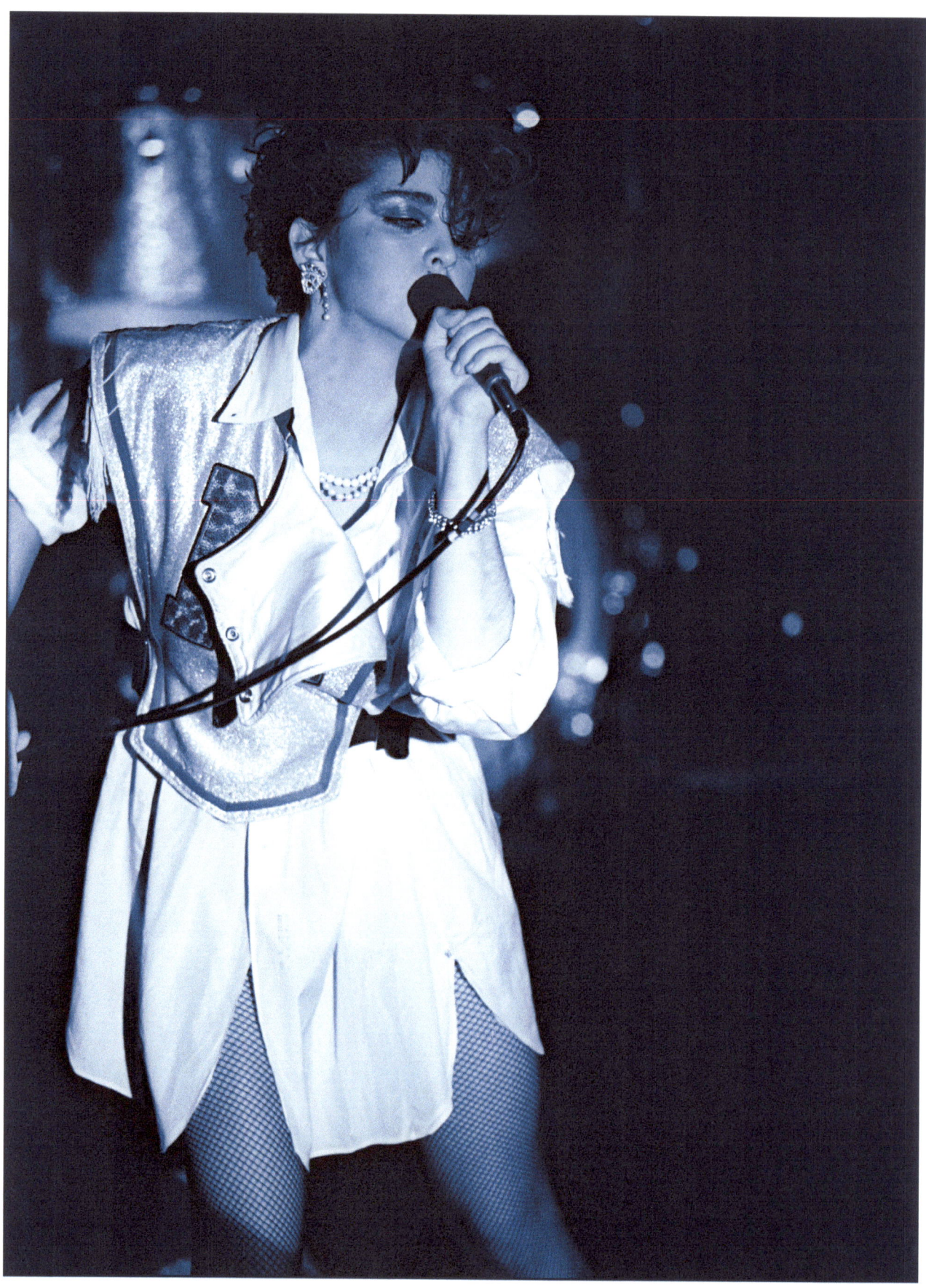

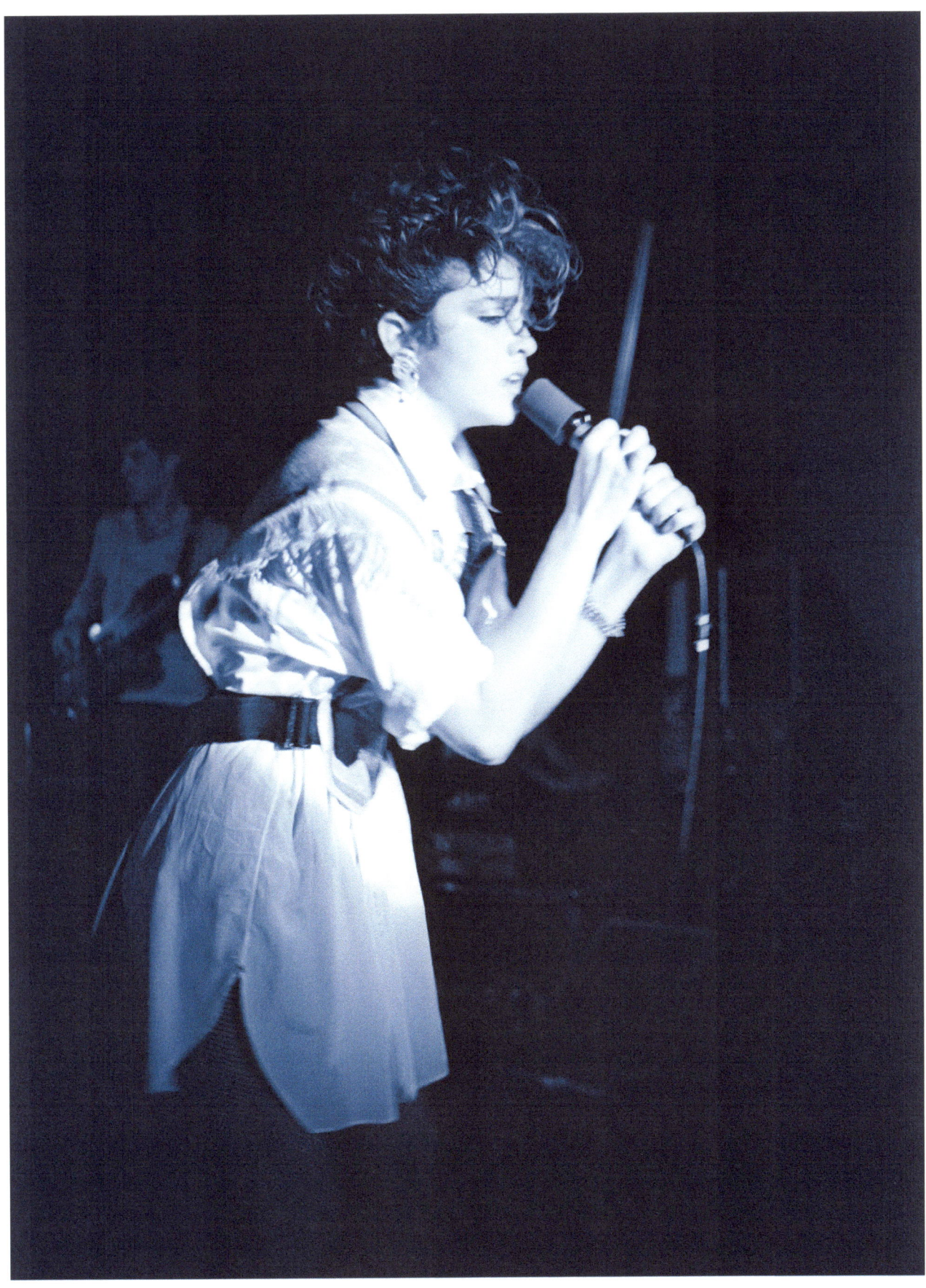

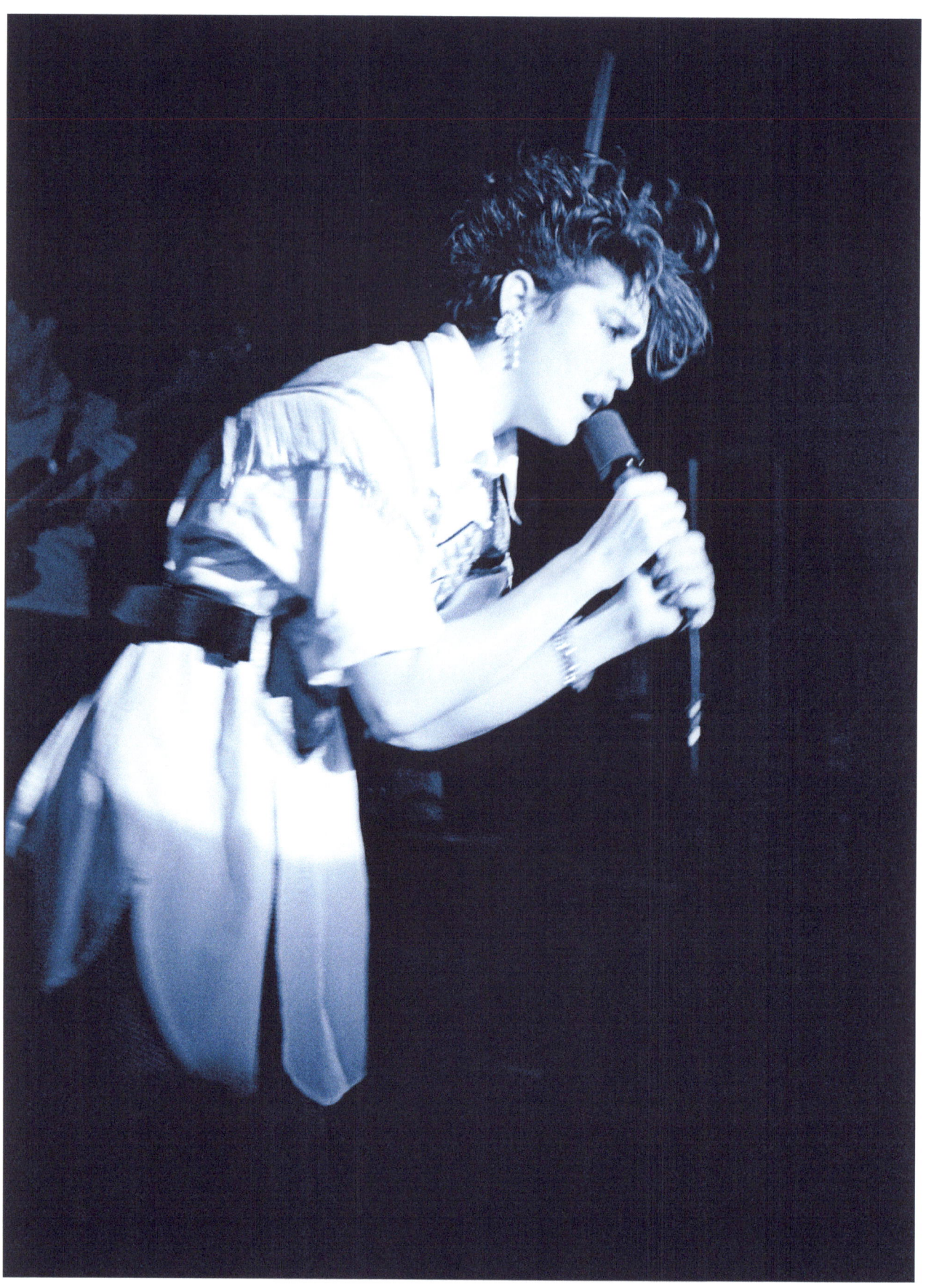

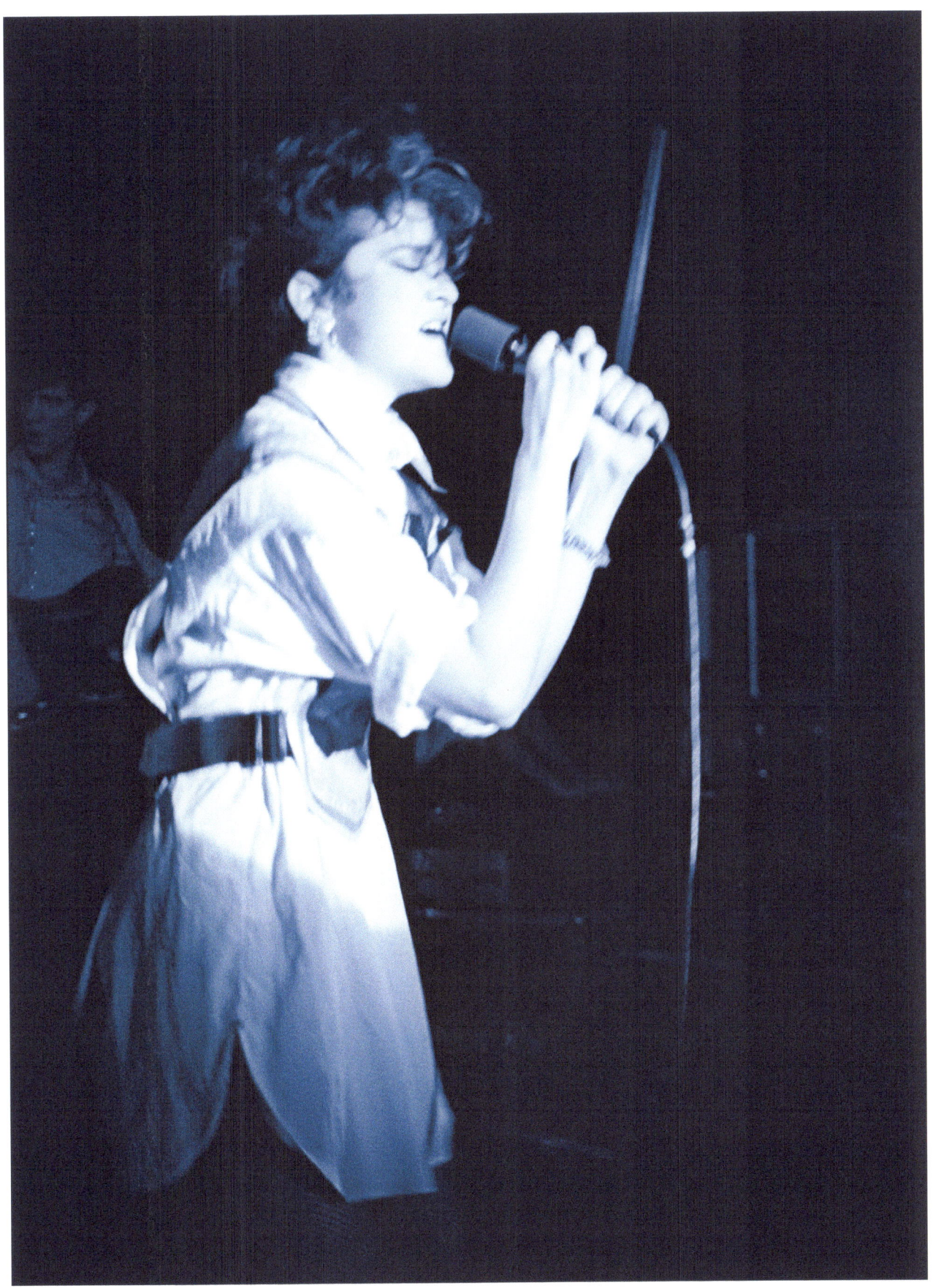

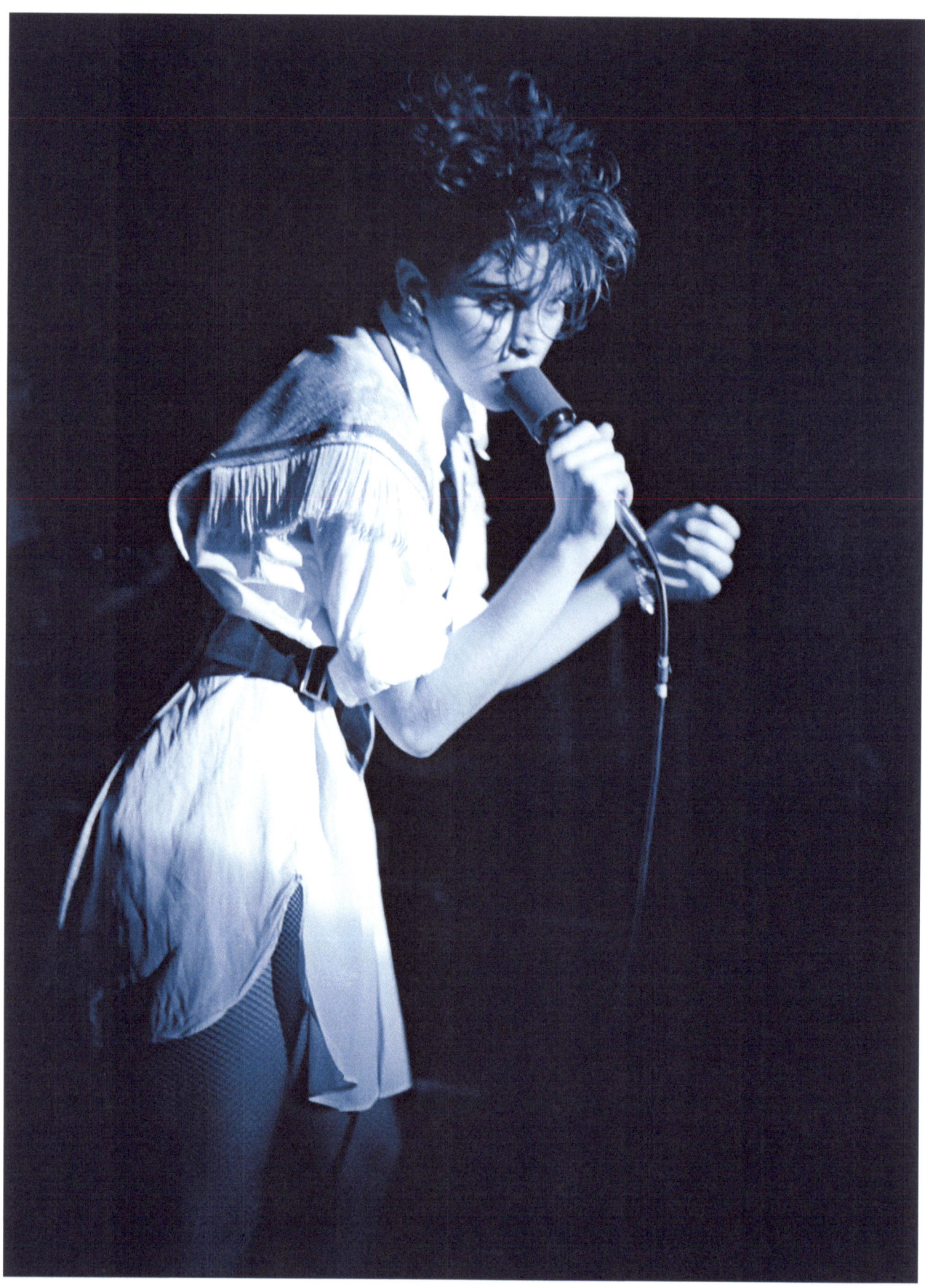

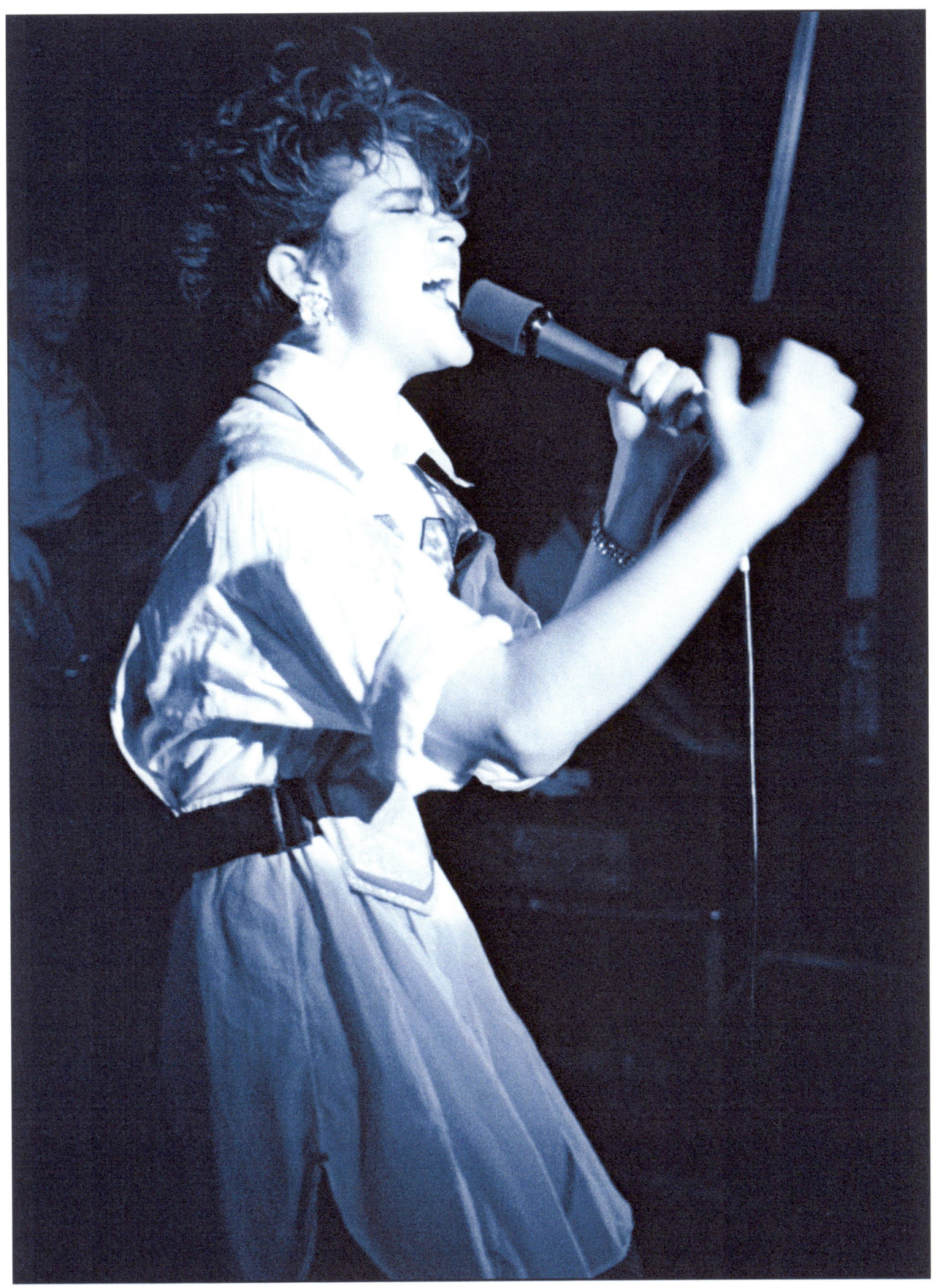

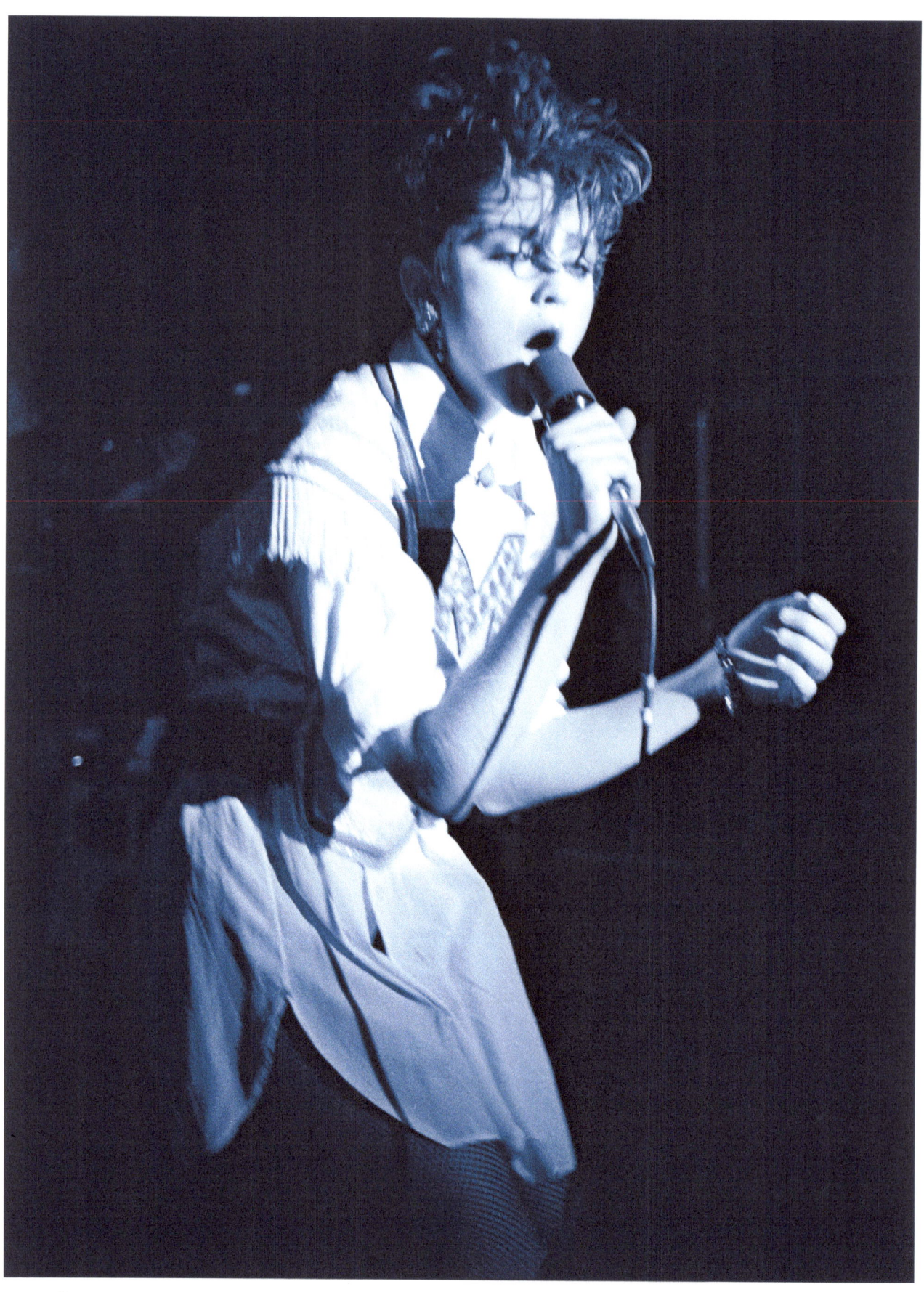

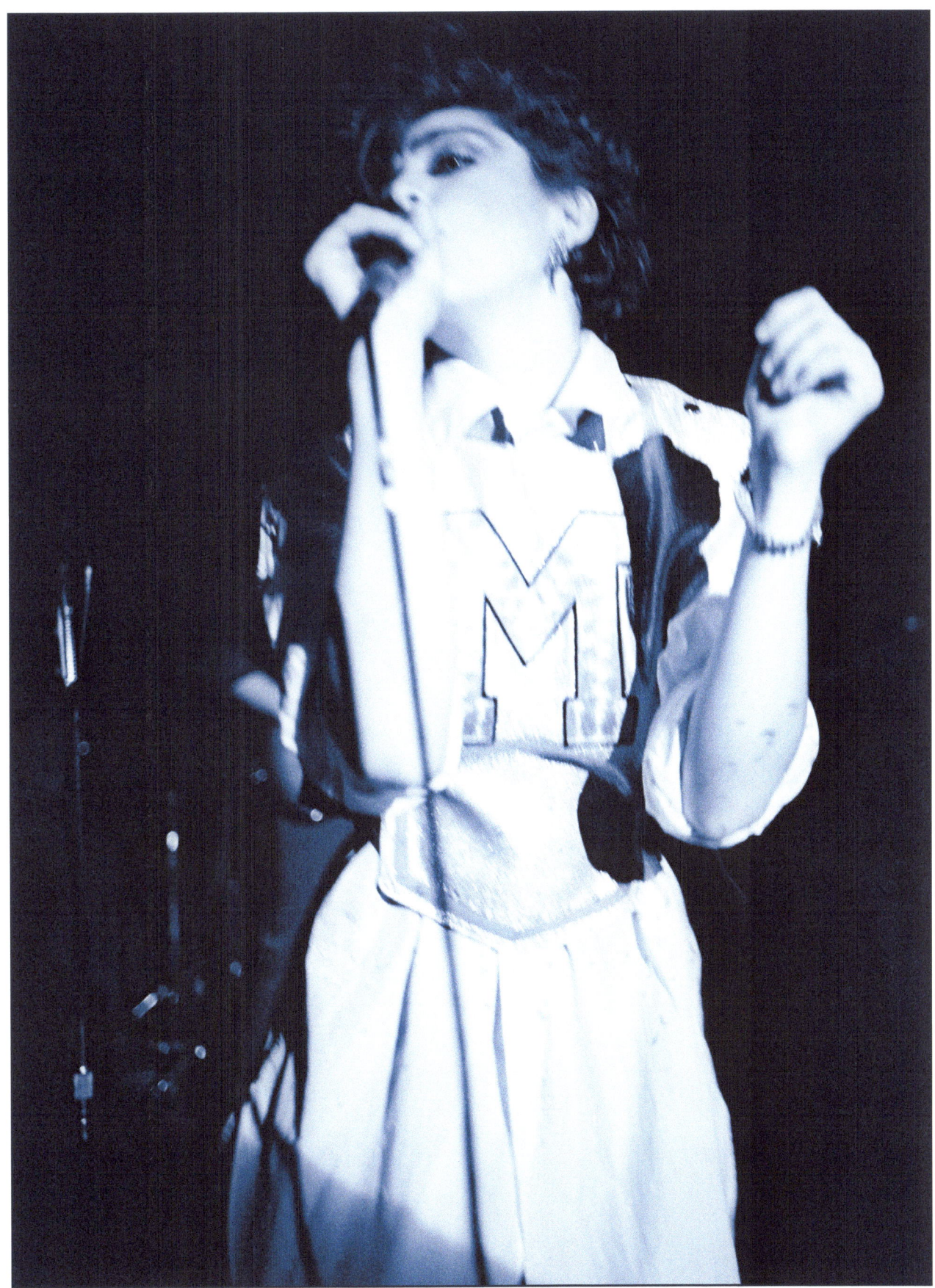

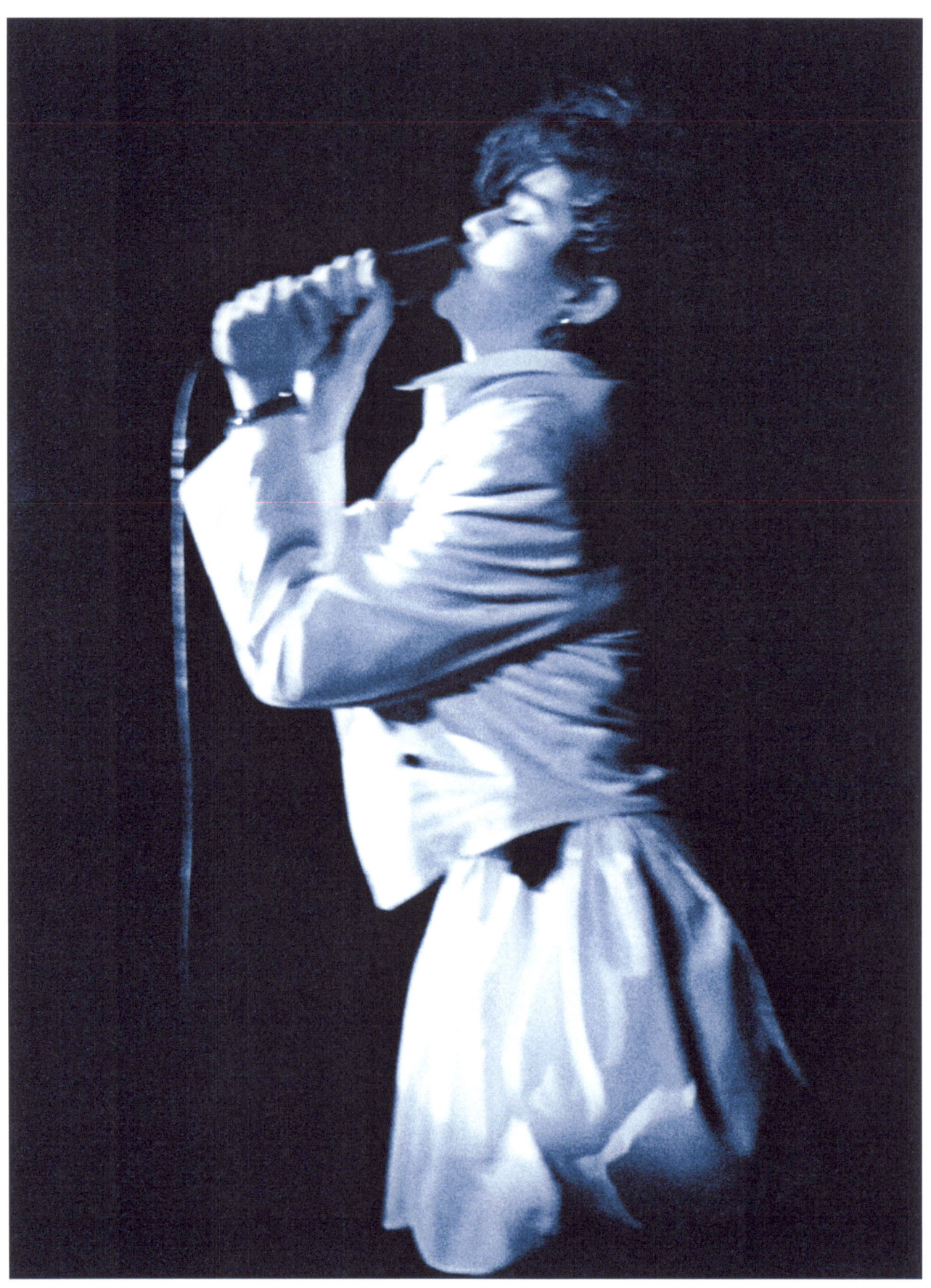

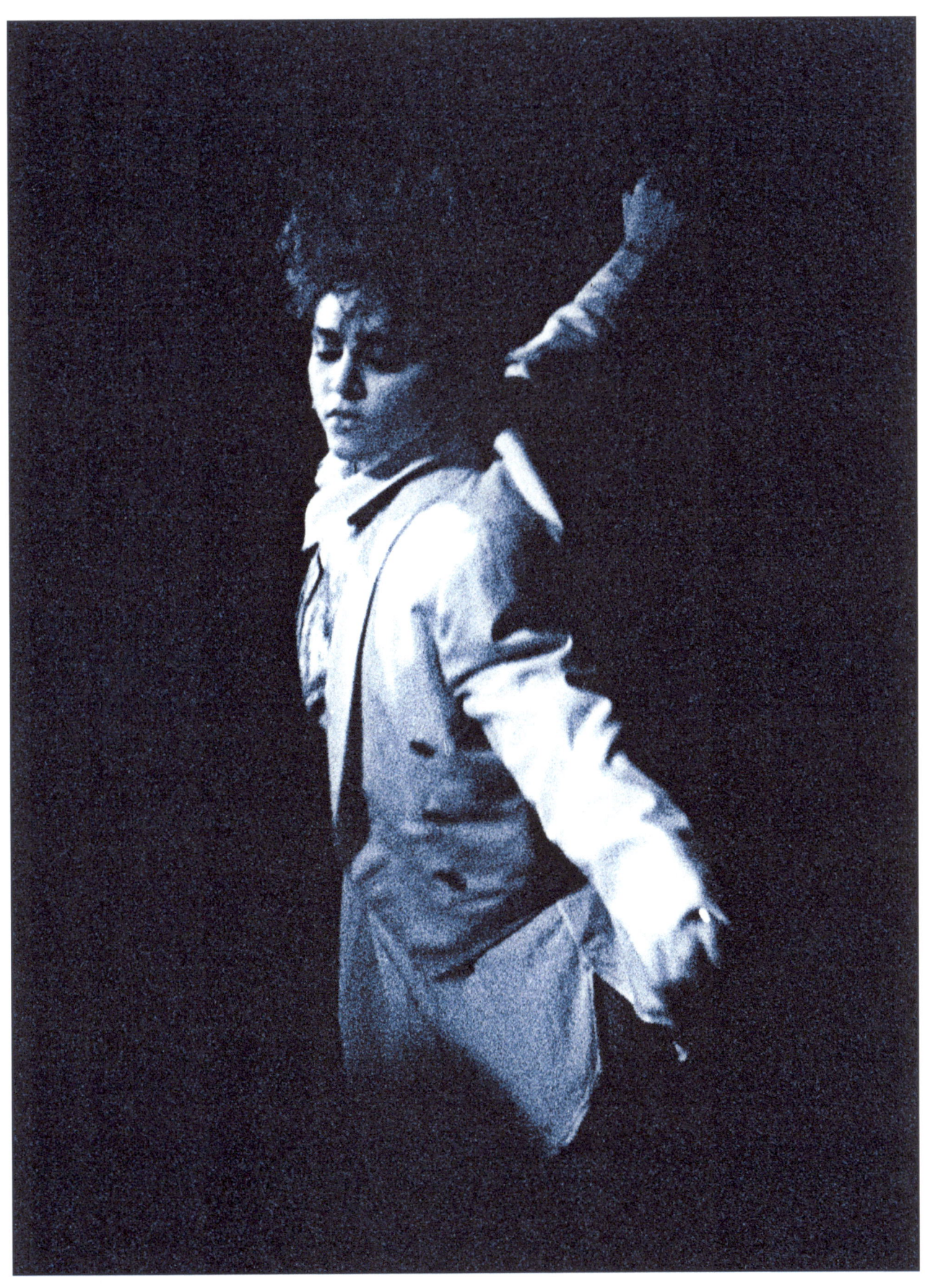

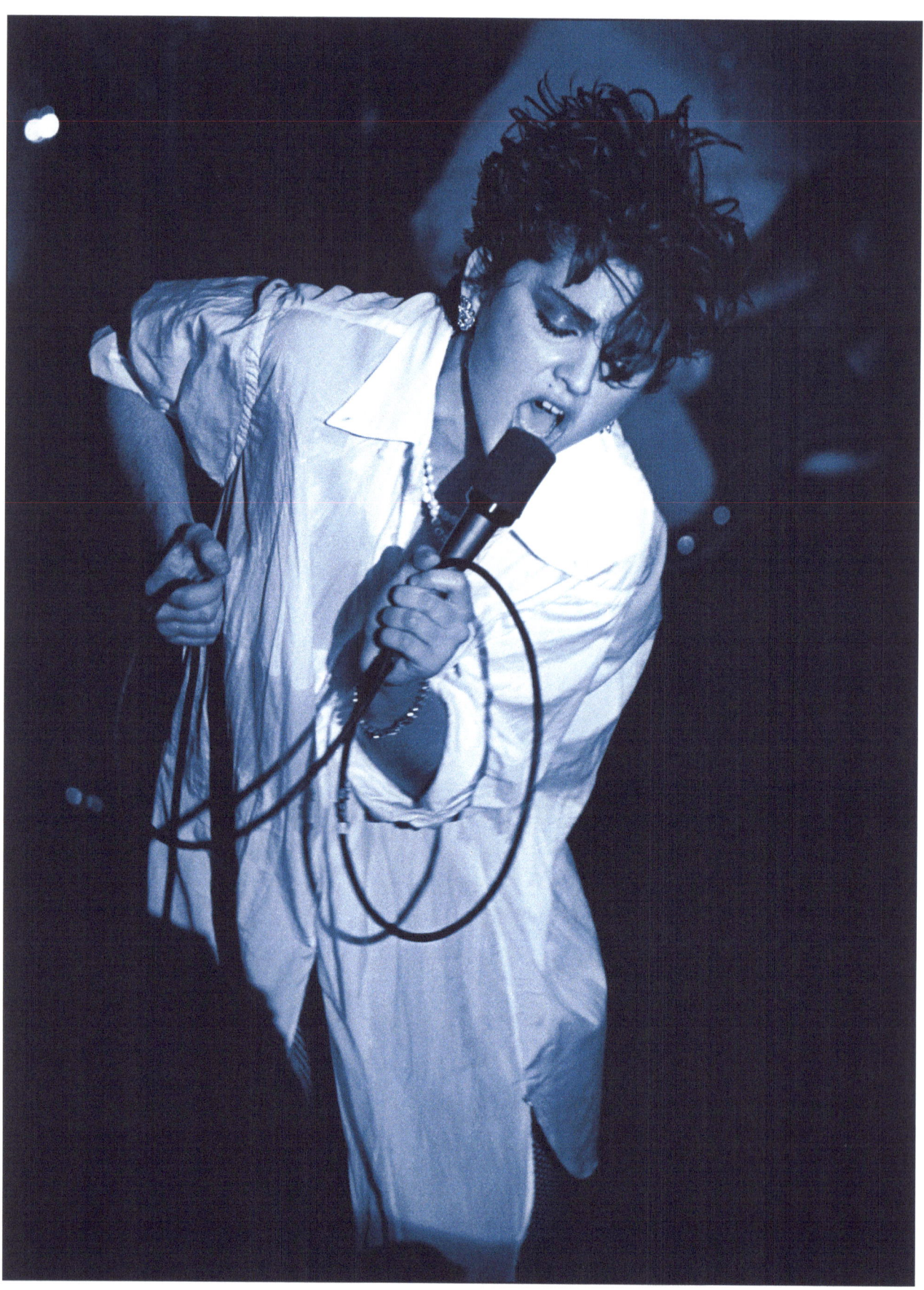

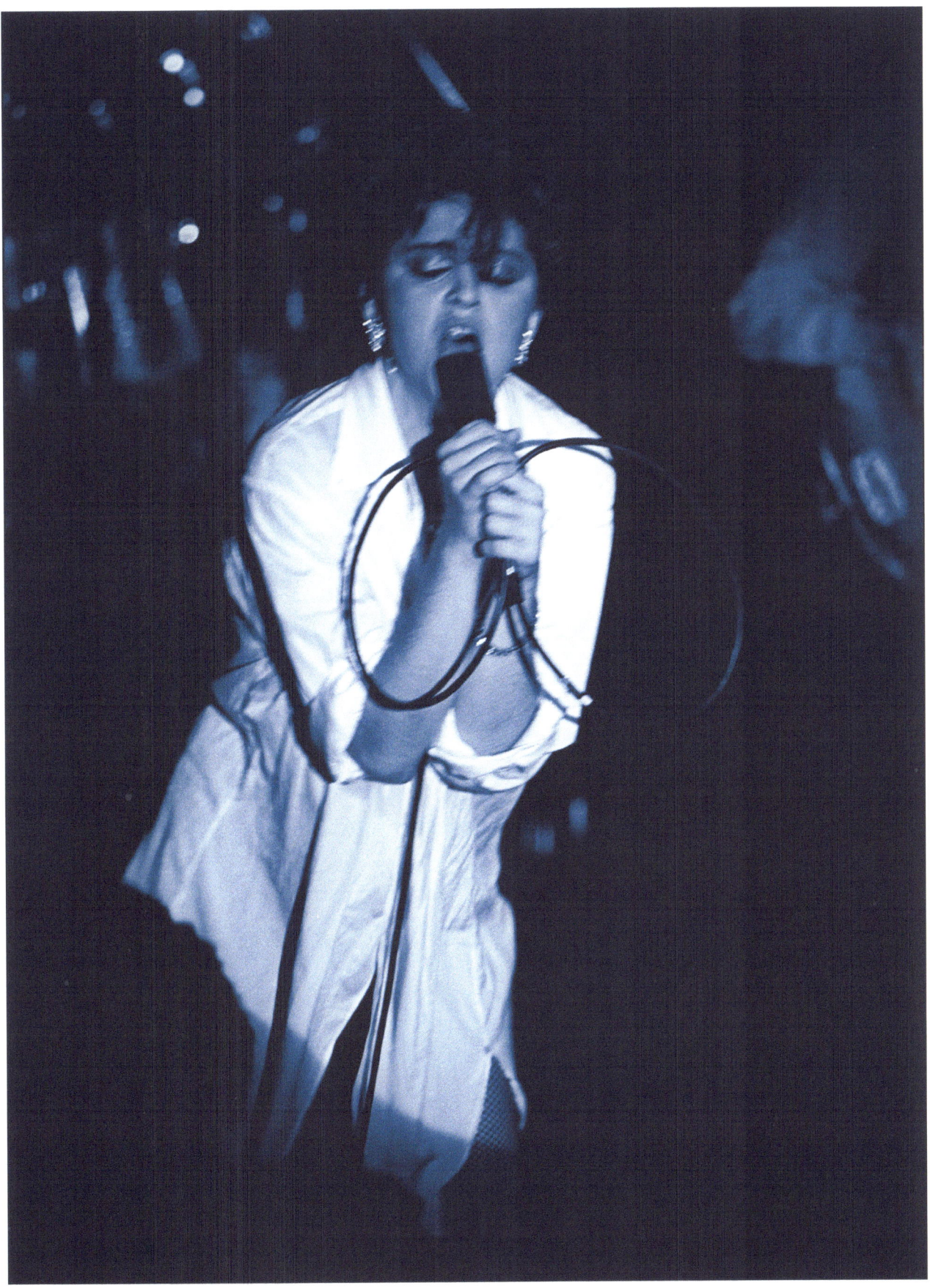

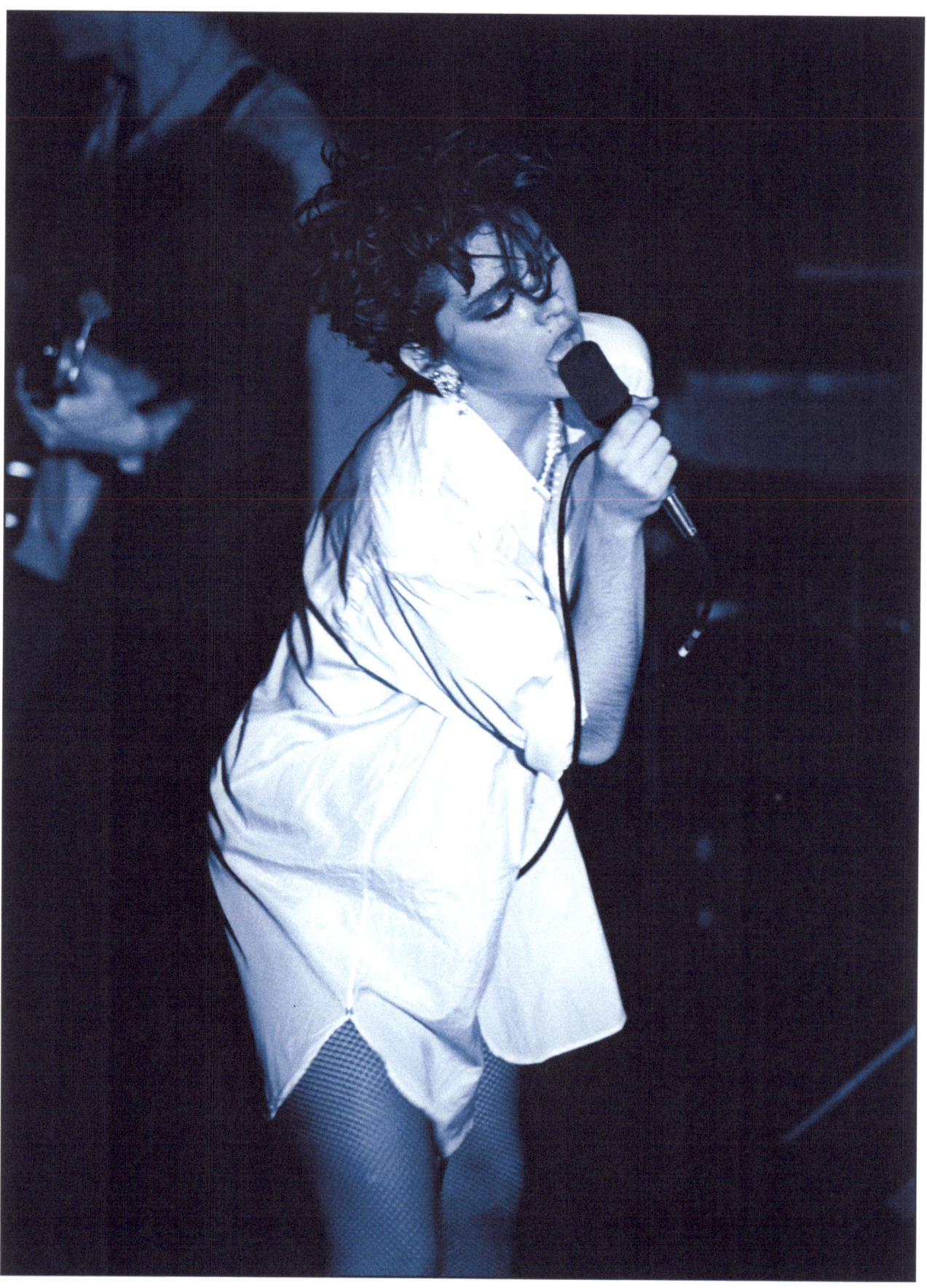

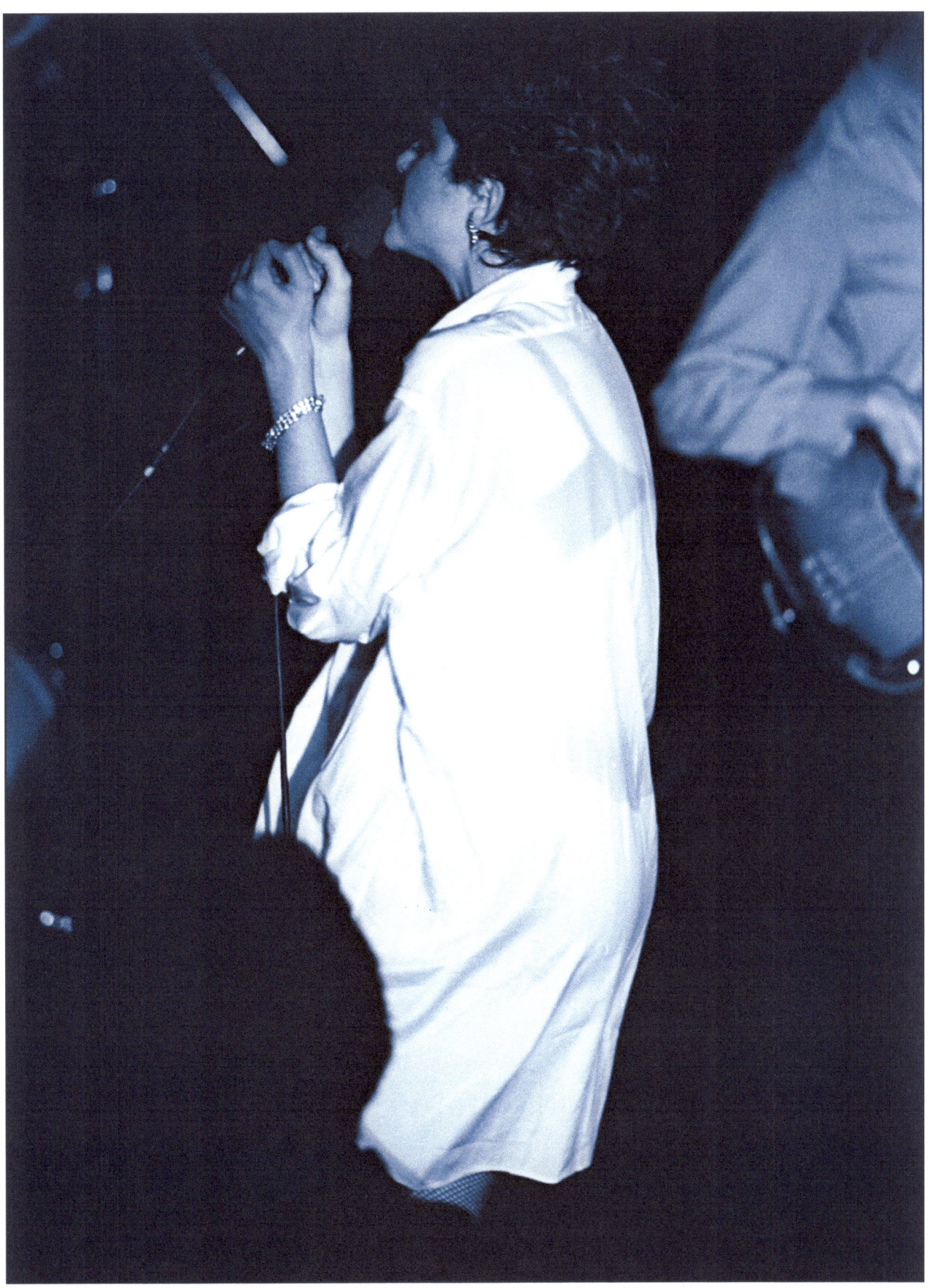

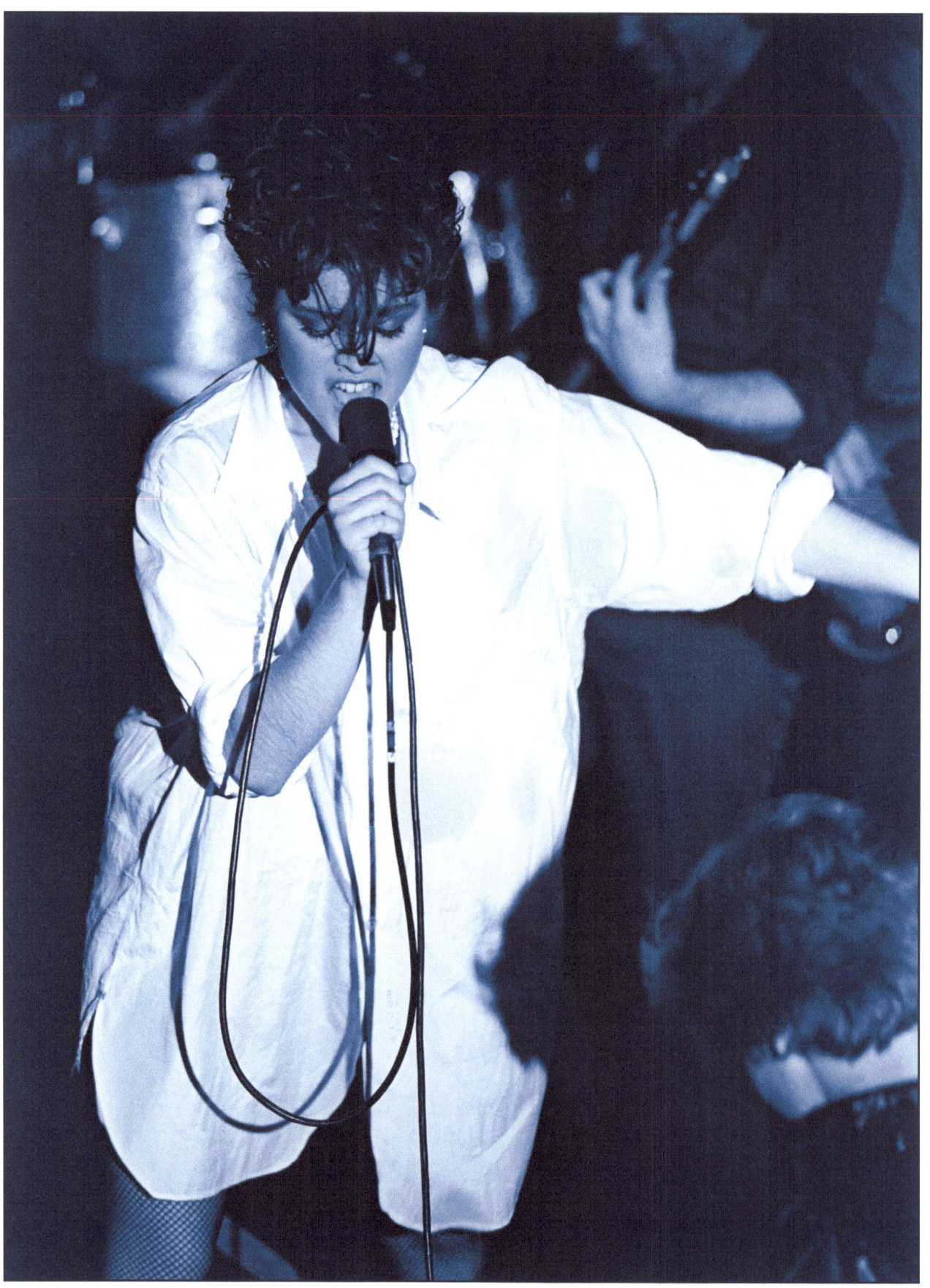

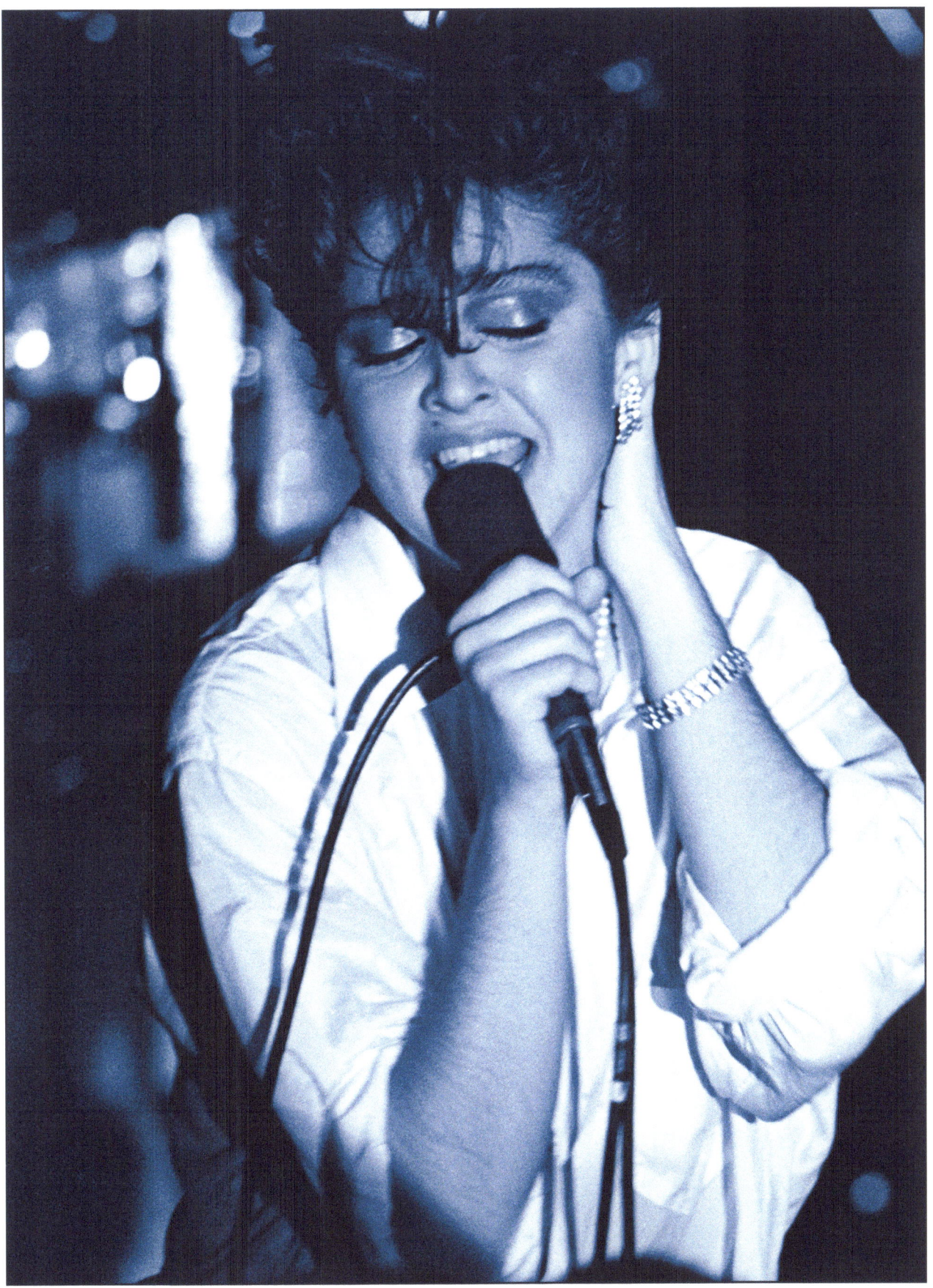

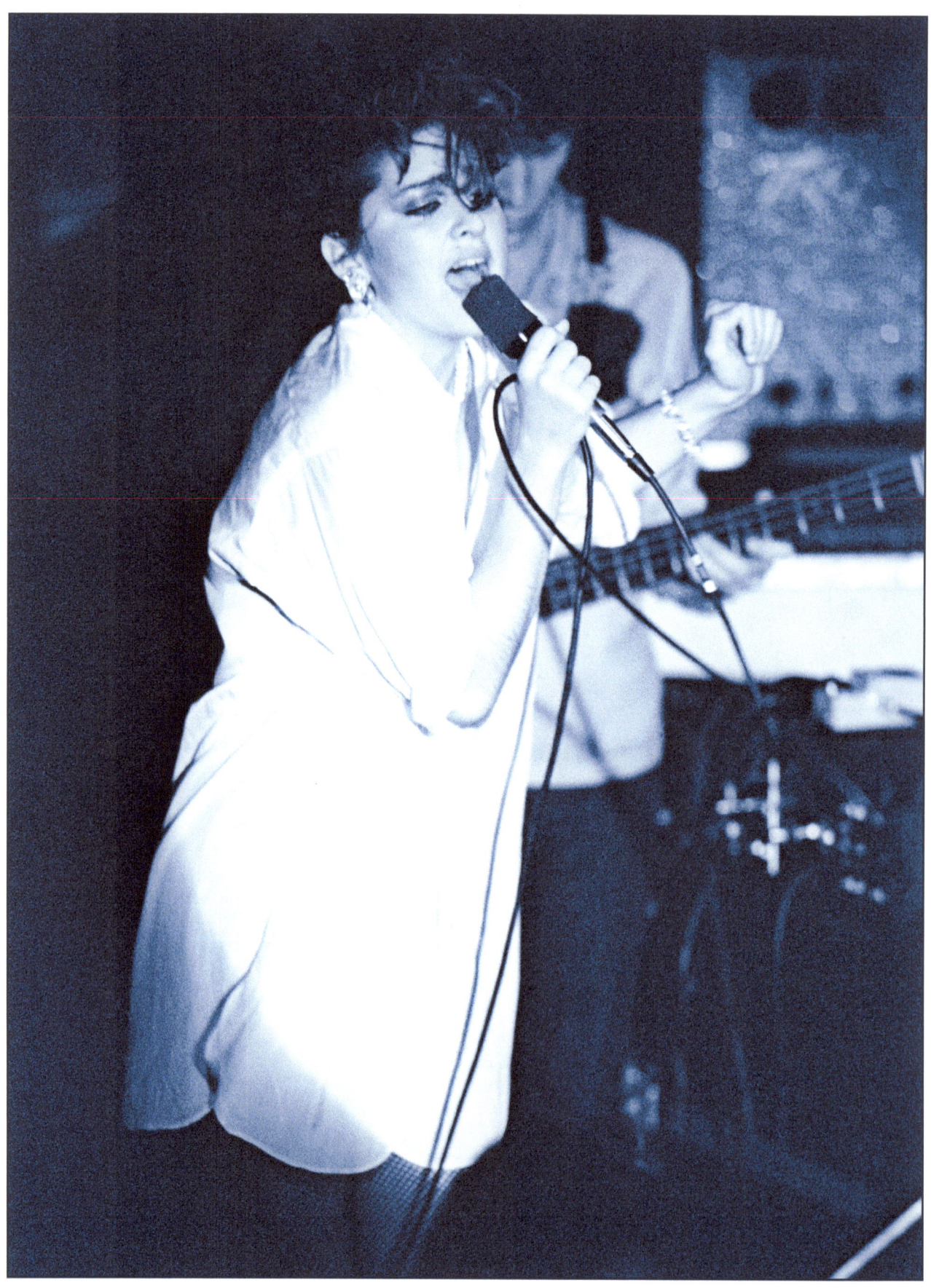

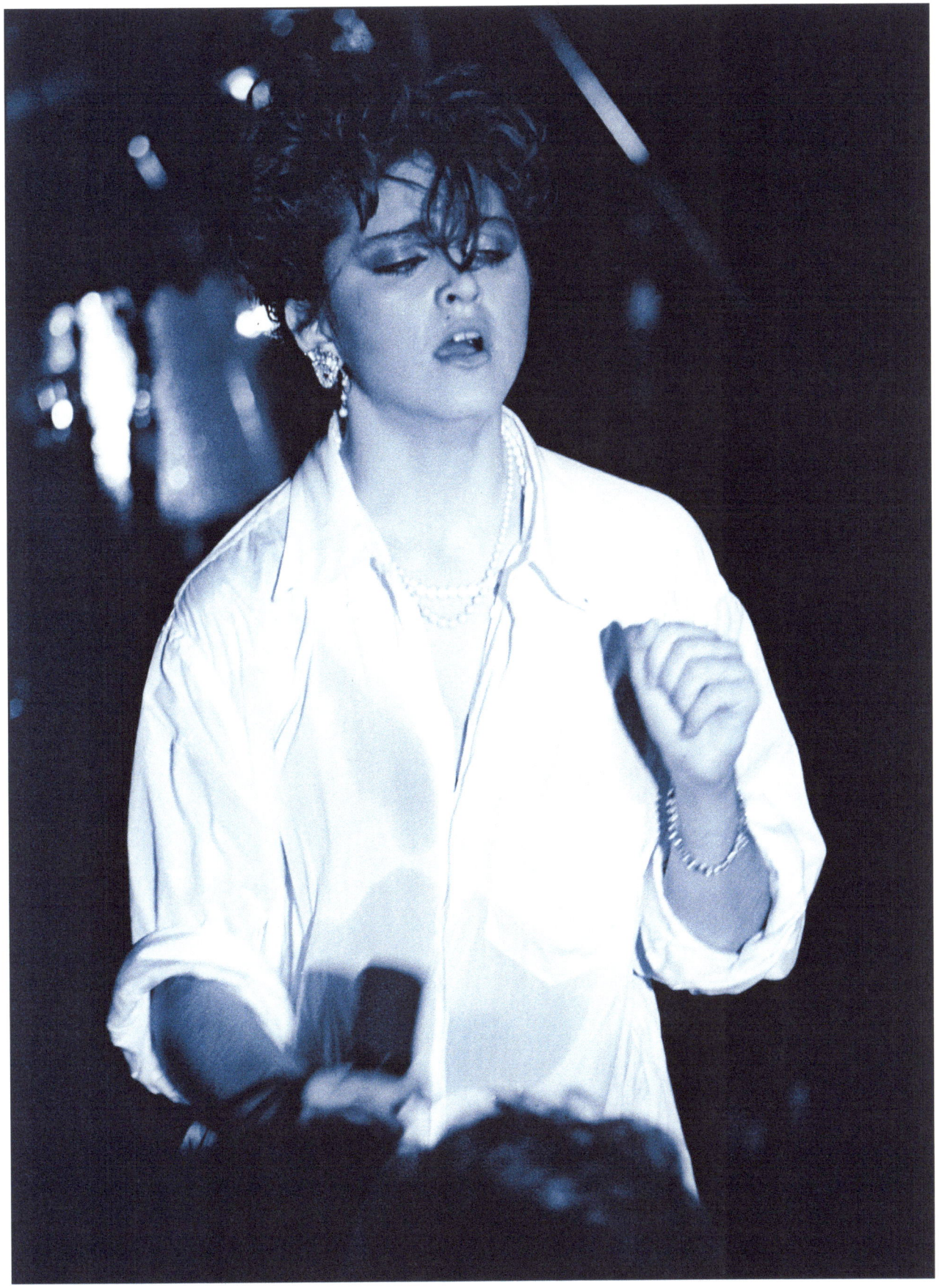

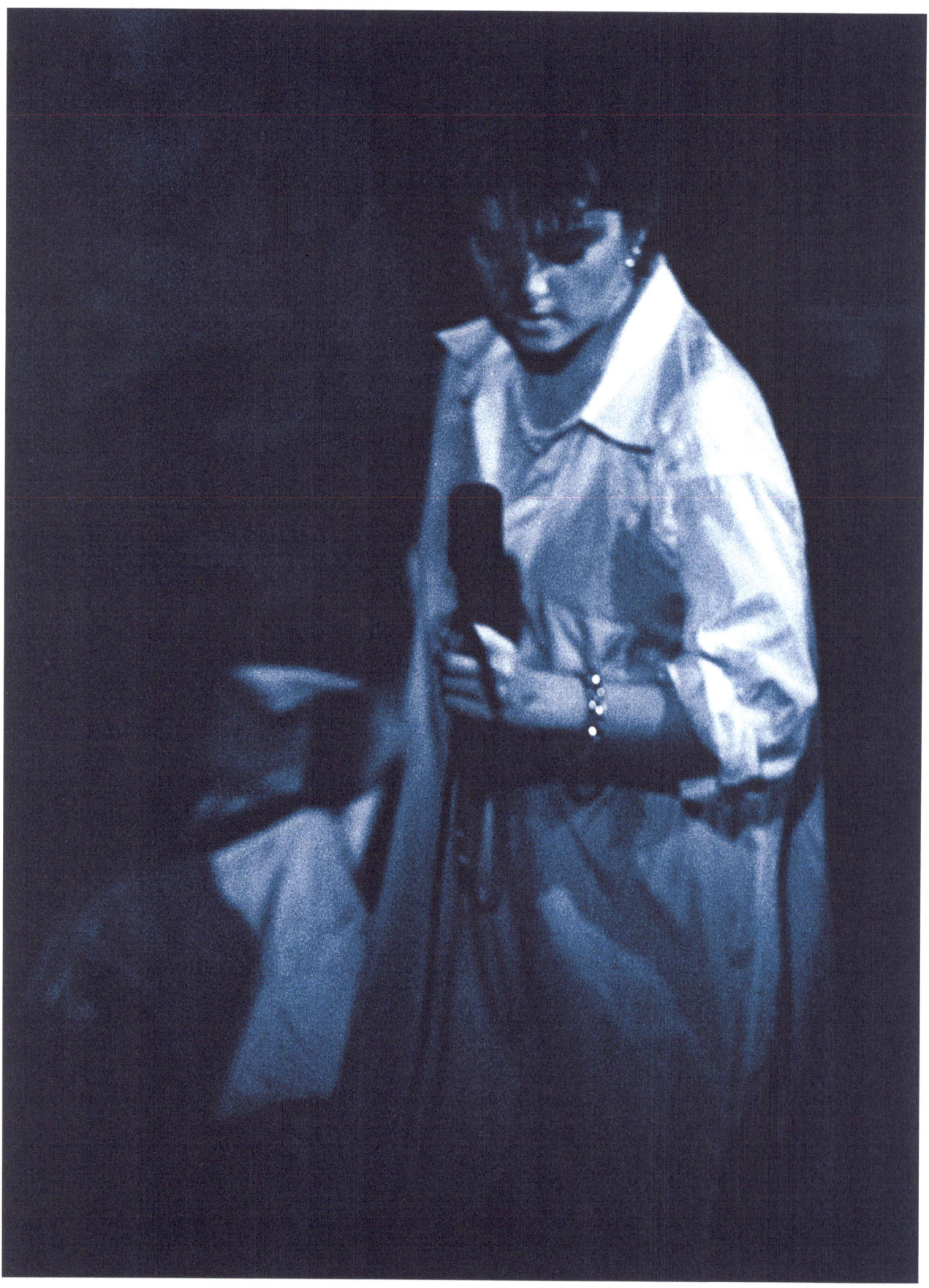

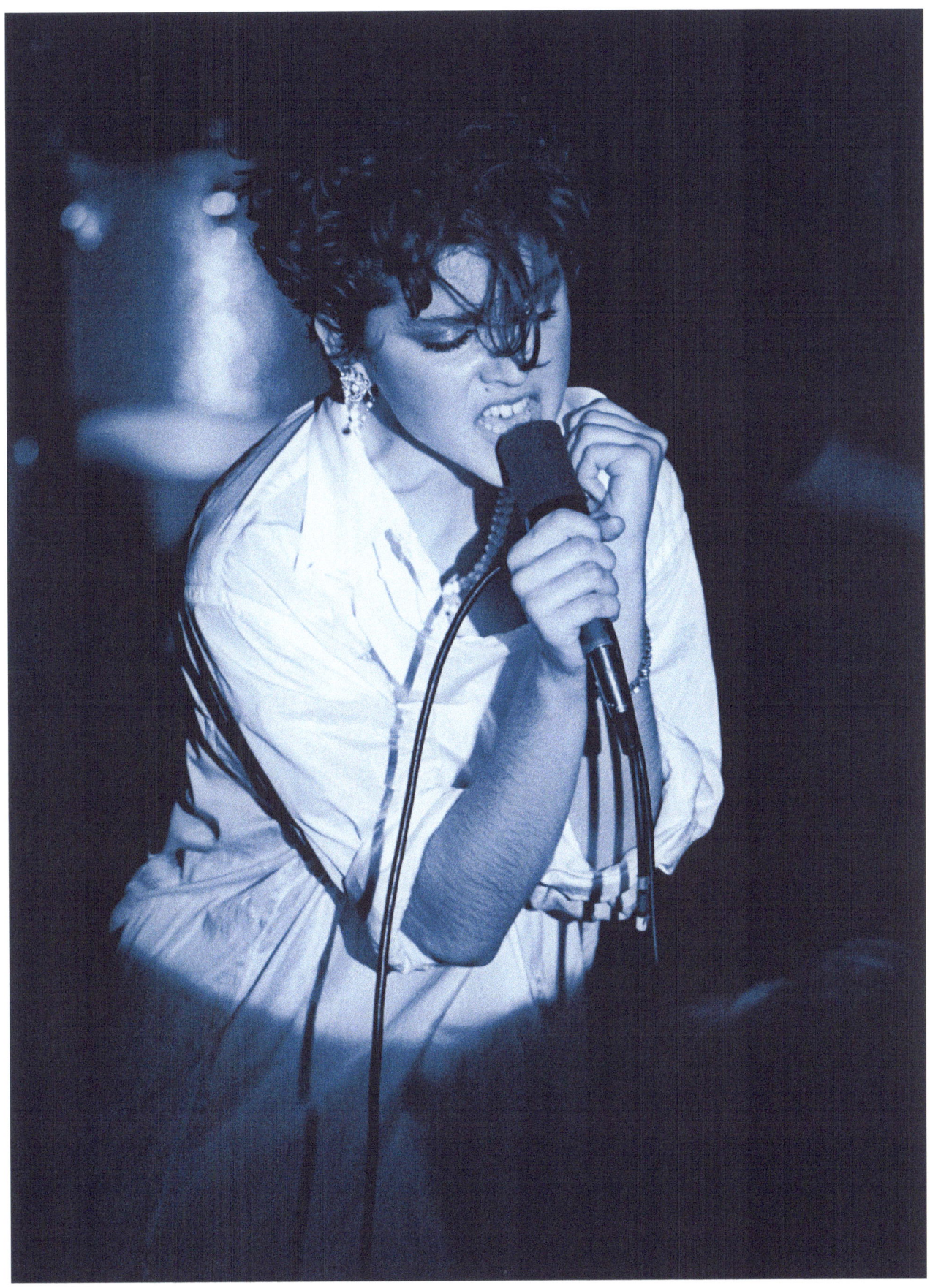

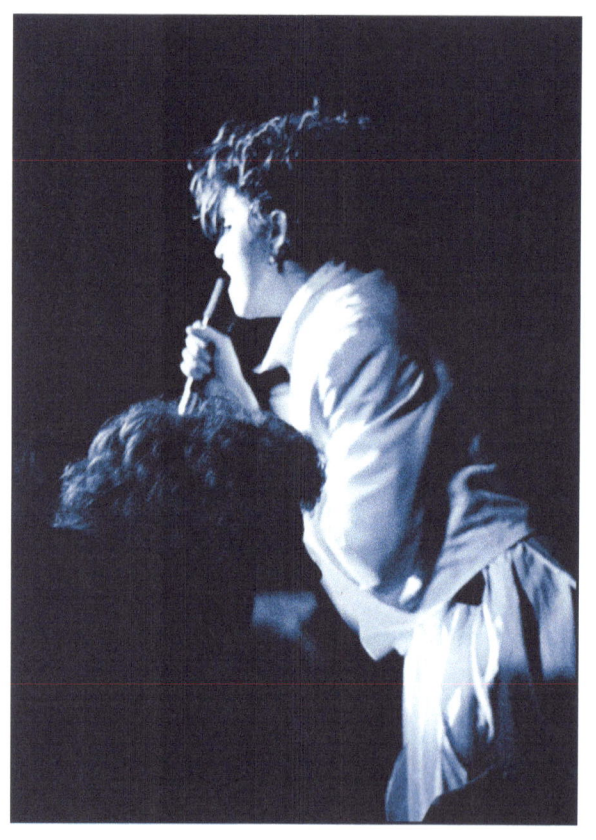

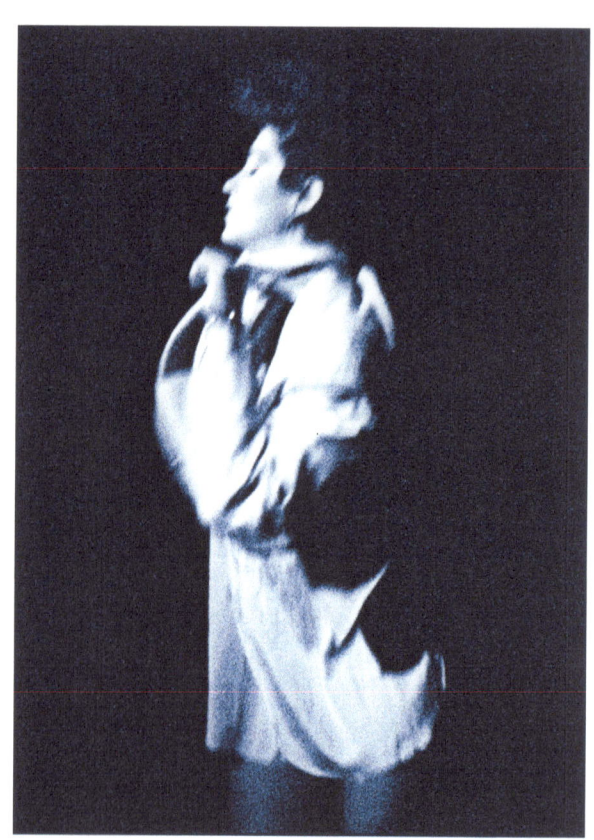

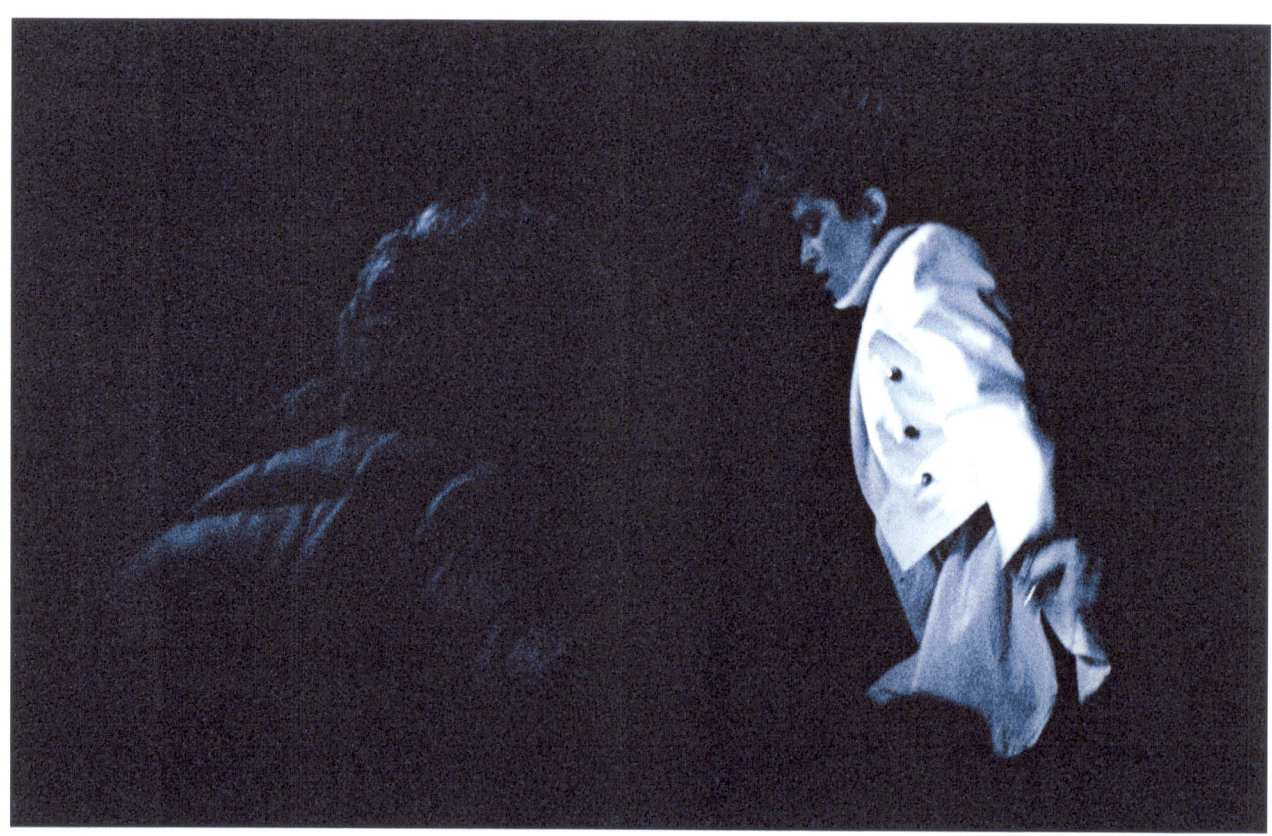

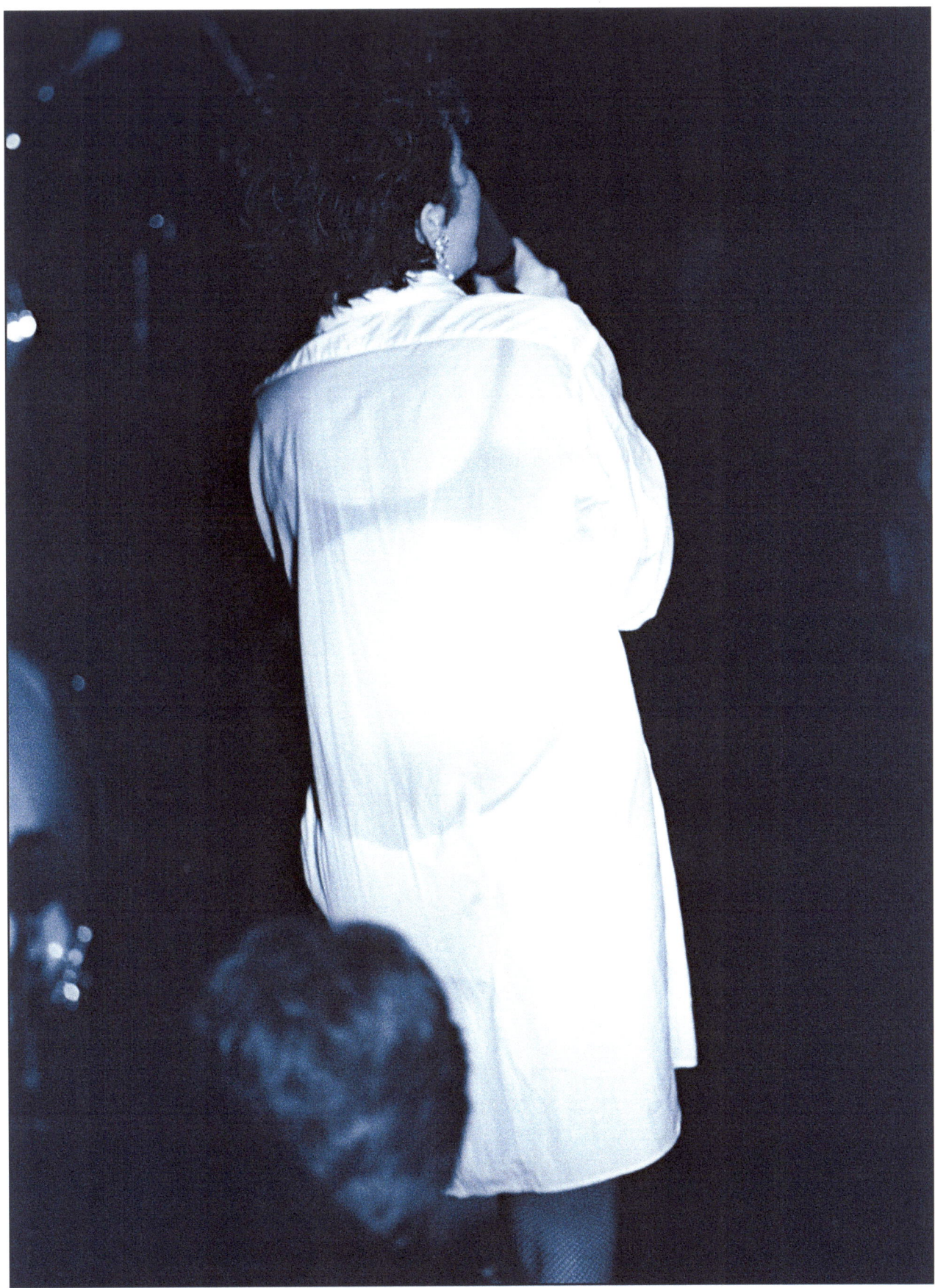

Supongo que una noche en el techo de Danceteria en el verano de 1982, Madonna se presentaba ahora cantando sobre las pistas sonoras de sus propias canciones.

Ya no había banda.

Yo estaba con Michael O'Brien y Yuki Watanabe. Había estado alabando a Madonna a quien quisiera escucharme y Mike y Yuki estaban pensando en contratarla para su evento mensual , "New York Nights" en varios clubes en Boston

Está claro que en esta foto en el techo de Danceteria que Madonna había estado consultando con Maripol sobre su vestuario y estilo.

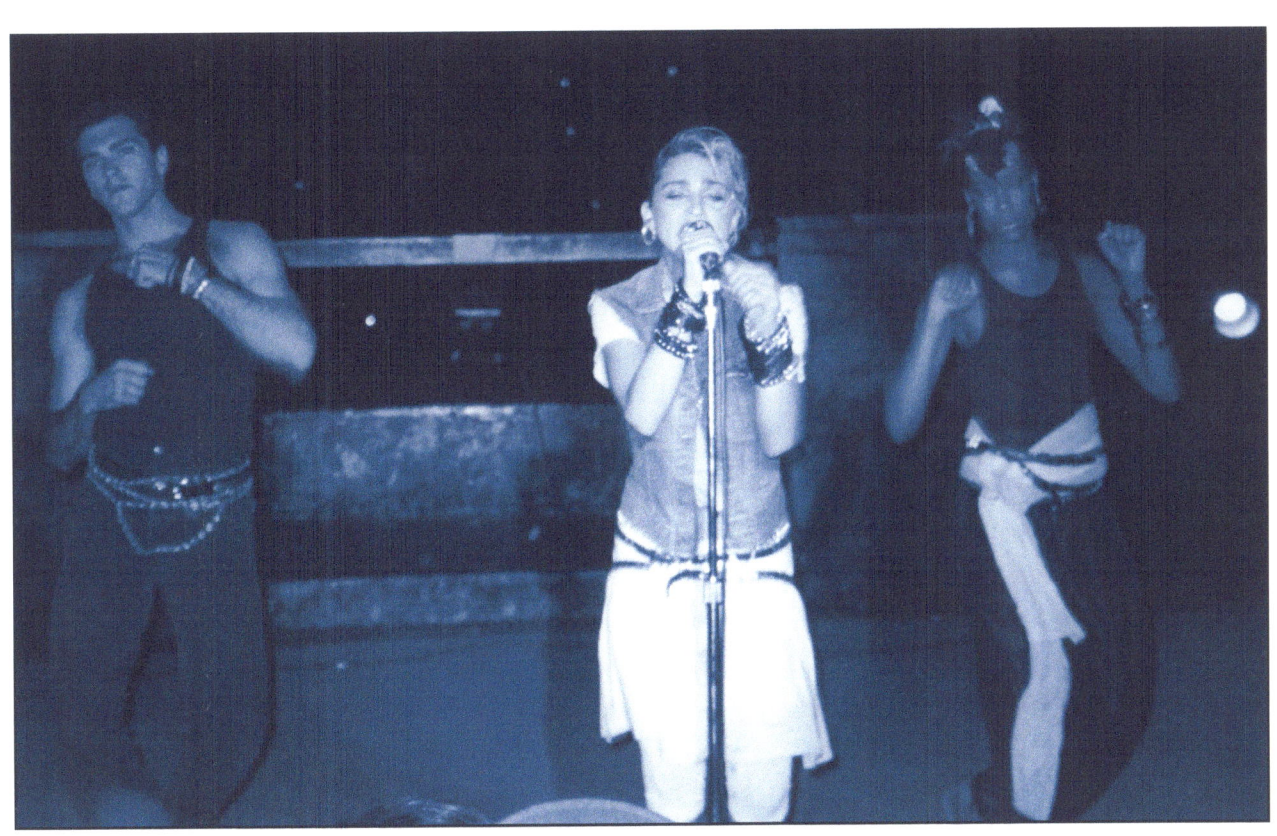

En la serie de New York Nights en Boston en el Metro, Madonna ya funcionaba a todo motor. Ella tenía su look gracias a Maripol, y había organizado sus bailarines.

Aunque ella todavía no tenía un contrato de grabación, era bastante evidente que esta intérprete única iba a ser un éxito.

Yo no tenía idea de lo inmenso que sería su éxito.

Como se puede ver por la multitud que había ido a escucharla en el Metro, ya había dado que hablar.

Madonna había llegado.

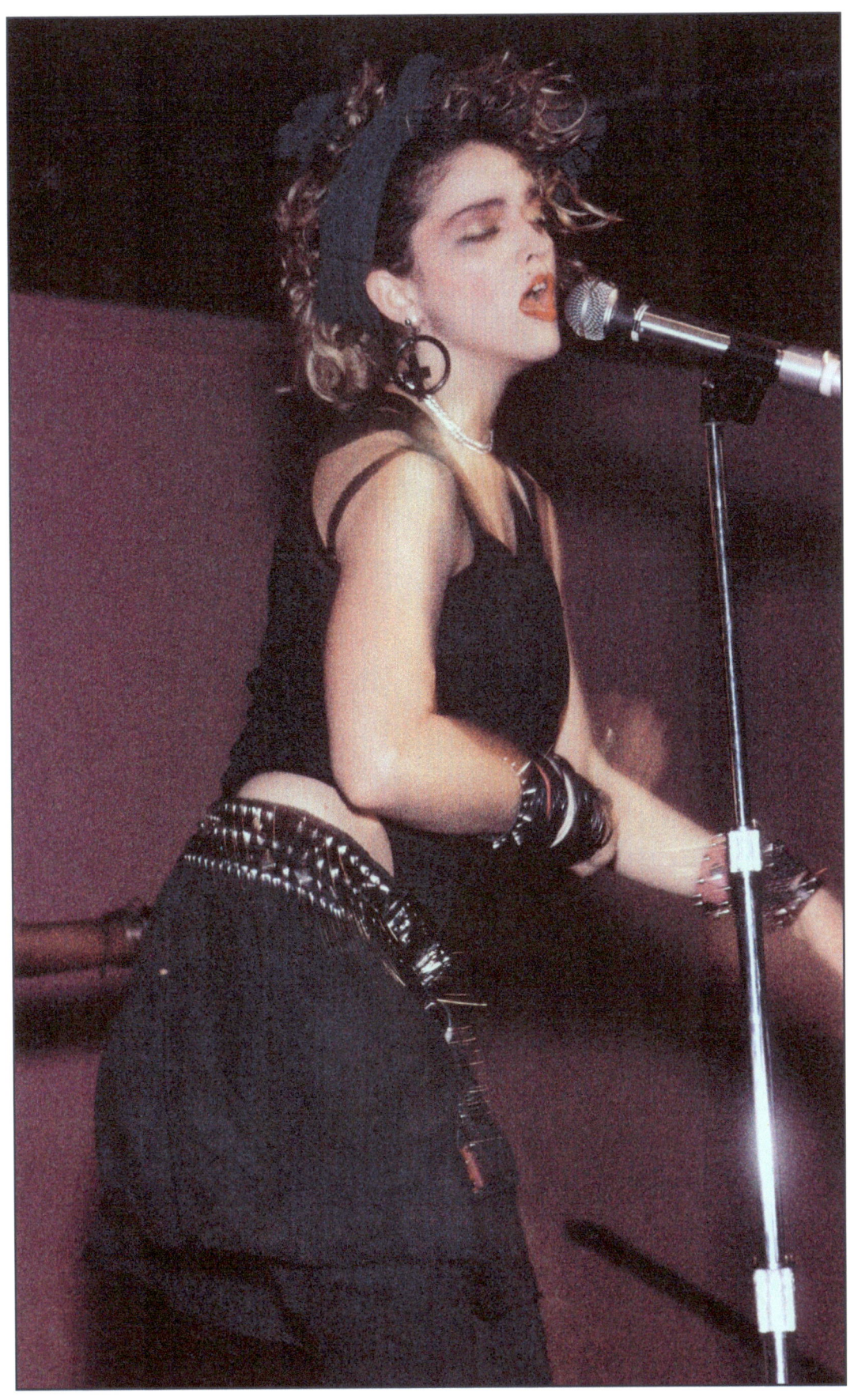

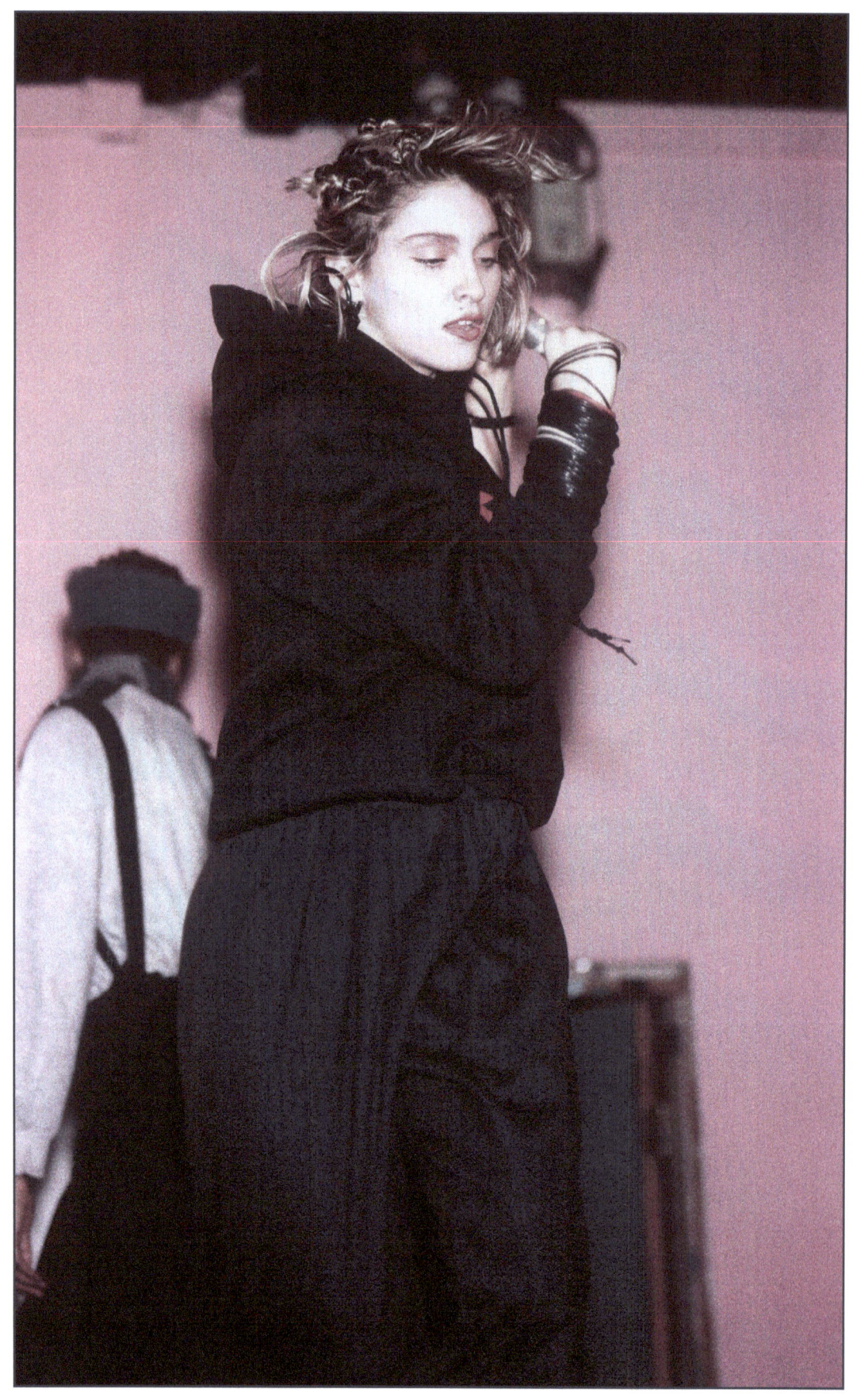

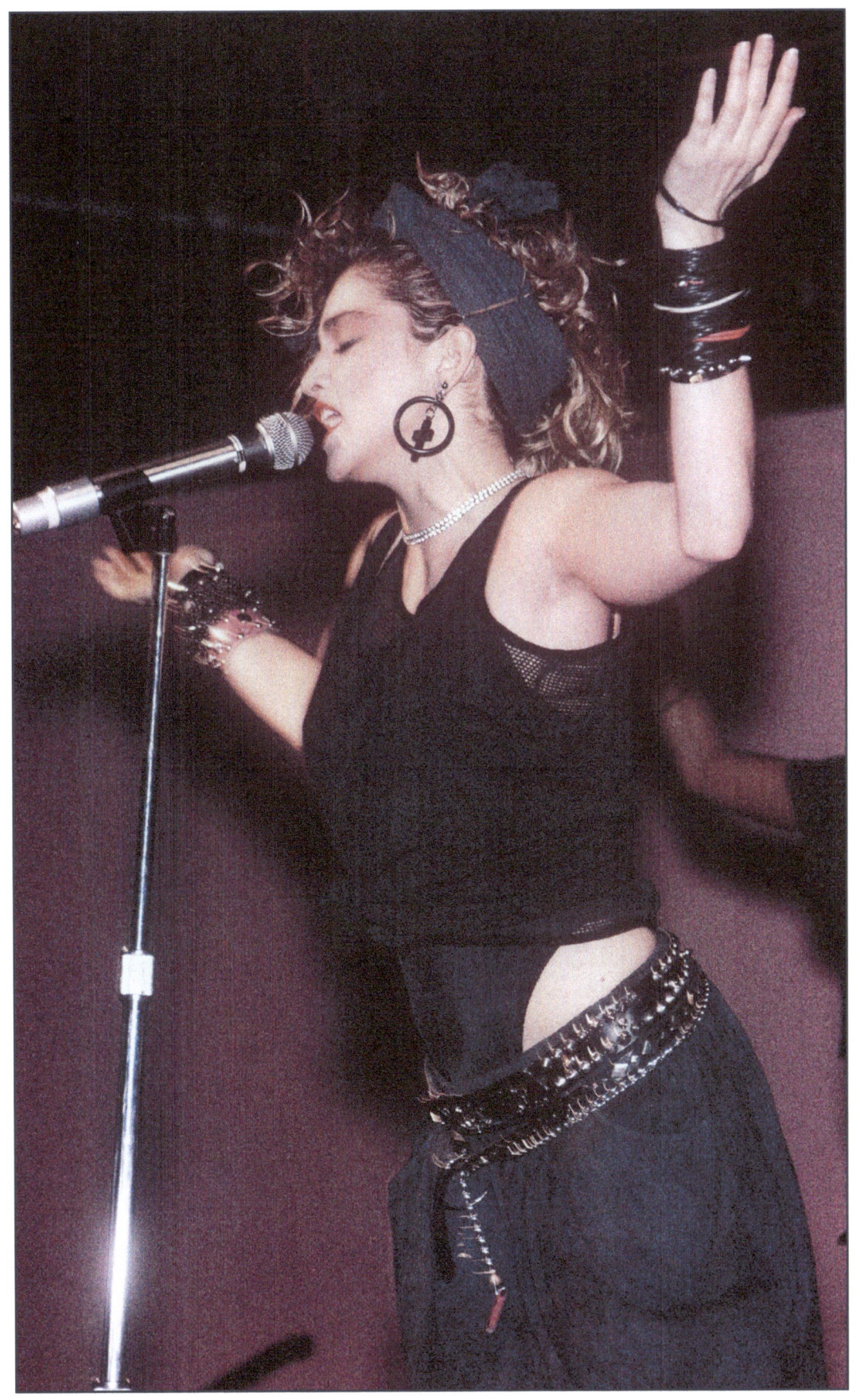

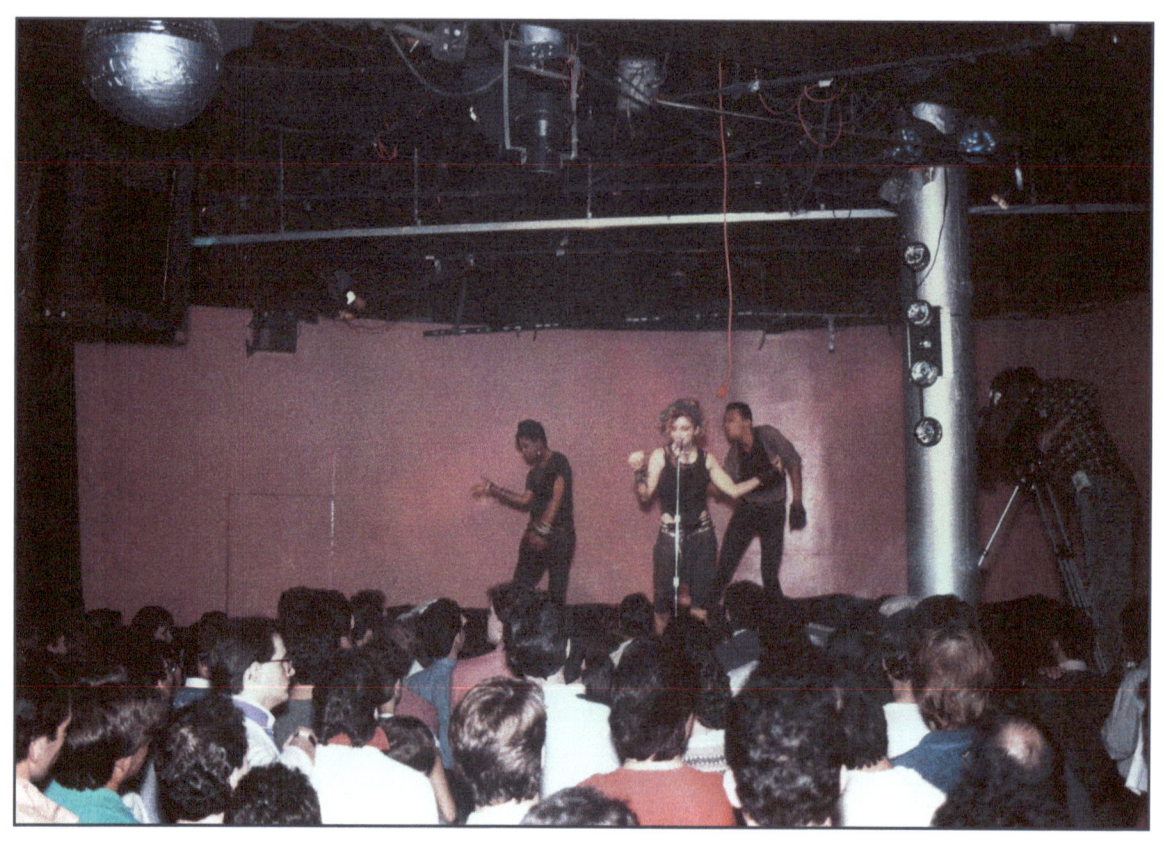

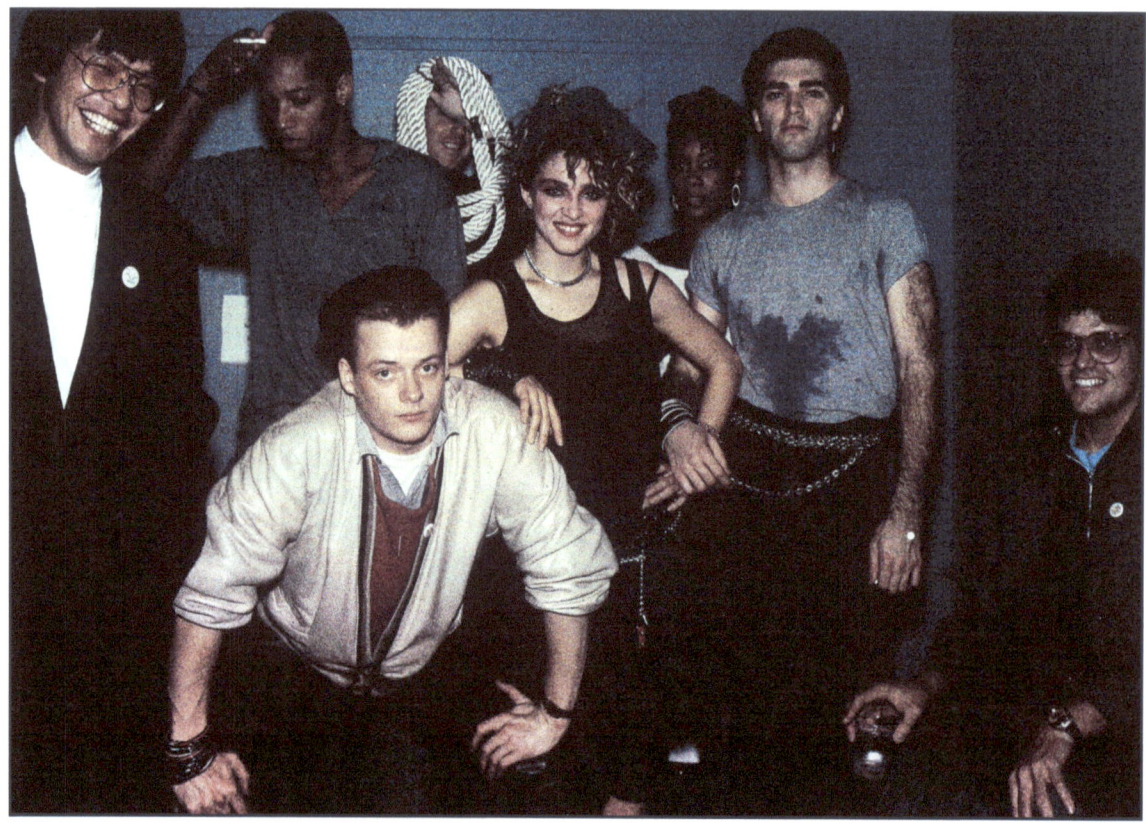

El autor desea agradecer:

A Gerd Saller, por ayudarme a realizar este libro, retocar decenas de fotografías y tantas otras maneras de ayudar a que este libro se viera lo mejor posible. Gerd jugó un papel decisivo en encontrar un camino a través del espinoso sendero de la impresión bajo demanda.

A Lane Pederson, mi maestro de fotografía, que se interesó en mi carrera, compartió una gran cantidad de consejos y conocimientos conmigo y sigue siendo un amigo y apoyo todos estos años más tarde.

A Yuki Watanabe por tomar mi consejo y llevar a Madonna a Boston.

A Michael O'Brien que en paz descanse, no solo por apoyar mi carrera sino también por ser un personaje inolvidable en mi vida.

Deirdre DuBose, que en paz descanse, mi madre. A pesar de pensar que yo debería haber sido abogado, siempre me dio la idea de que yo podría hacer lo que quisiera con mi vida y ella siempre me amaría lo mismo.

A Glenn O'Brien, por ser un amigo. Glenn es y ha sido un gran apoyo en muchas fases de mi carrera, siempre dándome aliento. Es el escritor que mas admiro y disfruto leer. En mi próxima vida, quiero ser como él.

A todos mis fans y coleccionistas de mi trabajo.

Ustedes me ayudan a sobrevivir.

www.ingramcontent.com/pod-product-compliance
Lightning Source LLC
Chambersburg PA
CBHW050724180526
45159CB00003B/1128